KDC 제5판의 이해

내일을여는지식 커뮤니케이션 4

KDC

Korean Decimal Classification

KDC 제5판의 이해

박진희 지음

한국학술정보㈜

KDC는 우리나라 대부분의 공공도서관과 학교도서관에서 실질적으로 채택하고 있고, 상당수의 대학도서관에서도 동양서의 분류에 사용하고 있는 표준분류표이다. 따라서 KDC에 대한 이해 및 지식은 문헌정보학을 전공하는 학생들이나 도서관계 실무자들에게 필수적이다.

한편 2009년 KDC 제5판이 개정되면서 개정판에 대한 내용을 다루고 있는 저서가 없는 상황에서 강의를 진행하기가 무척 어려웠다. 이러한 강의교재의 절실한 필요성에 부응하여 KDC 제5판에 대한 분석내용과 분류 실습문제를 중심으로 본 저서를 집필하게 되었다.

본서의 목적은 학생들이 KDC에 대해 쉽고 정확하게 이해할 수 있도록 하는 데 있으며 아울러 도서관 및 정보센터 실무자들의 실무적용에 참고도구로 활용되도록 하는 데 있다.

본서의 체계는 오동근 교수님의 『KDC의 이해』와 유사하다. 오랫동안 그분의 저서를 교재로 사용해 왔던 경험을 비추어 볼 때, 독자들에게 가장 유용하면서도 논리적인 전개라고 판단되었기 때문에 본 저서 역시 크게 3부로 나누어 구성하였다.

제1부는 분류의 기초이론 및 KDC의 개요에 관한 부분으로 분류작업과 분류규정, KDC의 역사와 일반적인 특성, KDC 제5판의 구성체계 및 내용에 대해서 서술하였다.

제2부는 KDC의 8개 조기표에 관한 내용으로 표준구분표, 지역구분표, 한국지역구분표, 한국시대구분표, 국어구분표, 언어공통구분표, 문학형식구분표, 종교공통구분표로 각 장을 나누어 정의 및 특성, 적용법에 대해서 서술

하였다.

제3부는 본표의 10개 주류를 각 장으로 나누어, 해당 주류의 특성 및 개요, 분류시 유의해야 할 특수규정, 본표에 제시되어 있는 주요 기호 합성의 사례분석, 이를 토대로 실질적으로 분류를 연습할 수 있도록 분류 실습문제 순으로 기술하였다.

부록에는 KDC의 개요표를 주류표, 강목표, 요목표, 세목표로 구분하여 수록하였다. DDC의 본표에는 각 해당 유의 세목에 대한 개요표가 포함되어 있어 분류기호의 계층구조 내에서 해당 표목의 상하관계를 파악하기가 쉬웠다. 그러나 아직 KDC에서는 이러한 개요표를 도입하고 있지 않은 실정이어서, 실제로 강의시나 학습을 할 때 요목표보다 더 세분된 개요표가 제시되면 주제와 주제 상호 간의 개념관계를 개략적으로 파악하는 데 유용할 것으로 보인다.

거인의 어깨 위에 서지 않고는 세상을 멀리 볼 수 없는 것처럼, 본 저서가 나올 수 있었던 것은 순전히 분류 분야의 많은 교수님들의 저서 덕분이다. 다만 시기적으로 KDC 제5판에 대한 내용을 다루고 있는 교재가 필요하여 부족하나마 강의안을 바탕으로 2009학년도 1학기 정보자료조직론을 수강한 학생들의 의견을 수렴하여 책을 집필하였다. 이제 막 연구자의 길을 걷기 시작했기에 많은 부분 턱없이 부족하지만, 독자들의 조언과 비판을 통해서 계속해서 보완해 나갈 것이다.

지혜 없는 자를 사용하시는 하나님께 영광 돌리며, 무엇보다도 이 책이 나오기까지 기도와 격려로 함께해 준 남편과 아들 준혁이에게 미안함과 고마움을 전한다. 그리고 이 책의 출판을 기꺼이 맡아주신 한국학술정보(주) 관계자분들께 깊이 감사드린다. 끝으로 존경하는 나의 어머니 장경자 여사님께 이 책을 바친다.

2009년 여름
박진희

목차

제1부 KDC의 개요

제2부 조기표

제3부 본 표

제1부

KDC의 개요

▌제1장 분류작업 및 분류규정

1.1. 분류작업

분류작업(classifying)이란 도서관에서 채용하고 있는 분류표에 기초하여 정해진 분류규정에 따라 적절한 분류기호를 개개의 도서관 자료에 부여하는 일을 말한다. 여기에 도서기호를 부여해서 청구기호를 결정하고, 자료를 완전하게 개별화하기까지의 과정을 포함하는 말이다.[1]

① 협의의 분류작업: 분류표를 적용하여 적절한 분류 기호를 배당하는 작업
② 광의의 분류작업: 별치기호, 분류기호, 도서기호 등을 배정하여 자료를 서가상의 특정한 위치에 배열하기 위한 실무 전체 총칭

도서관 실무로서 분류작업은 분류의 기본적인 이론과 원칙을 토대로 현장에서의 경험을 통해 완성되는 기술이기 때문에 분류자는 무엇보다도 분류표의 이해와 자료의 내용파악에 충실해야 한다. 따라서 분류자가 분류작업을 실시하기 위해서는 다음과 같은 사항에 유의해야 한다.[2]

① 사용할 분류표를 선정하고, 분류표를 충분히 이해하여 그의 사용법을 명확히 알아야 한다.
② 분류될 자료의 내용을 정확히 파악하고, 그 내용에 적합한 분류기호를 부여하기 위해 필요한 내용을 통일하여야 한다.

---

1) 사공 철 등편. 문헌정보학 용어사전. 서울: 한국도서관협회, 1996. p.170.
2) 한국도서관협회 한국십진분류법해설편집위원회 편. 한국십진분류법해설. 서울: 한국도서관협회, 1997. p.15.

③ 분류기호와 도서기호를 결정해야 한다.
④ 청구기호에 따라 자료의 서가상의 특정위치에 배열해야 한다.

(1) 분류표의 선정

문헌 분류표는 한번 선정하여 자관의 문헌 분류에 적용하게 되면 자료의 전체적인 체계가 형성되고, 도서관 운용의 기본적인 틀을 이루기 때문에 표의 선정은 신중하게 검토되어야 하며 자관에 알맞은 분류표를 선정하여야 한다.

그러므로 분류표의 선정은 다음의 여러 가지 사정을 고려하여 신중하게 검토되어야 한다.

① 소속도서관의 장서구성의 특수성을 충분히 고려해야 한다.

소속도서관의 장서규모, 장서증가량, 주제구성의 일반성과 전문성의 차이는 분류표 선정과 밀접한 관련을 갖게 된다. 예를 들면, 도서관의 장서구성이 광범위한 주제에 걸쳐 있고, 대규모 장서와 장서증가량이 많은 대학도서관이라면 일반 분류표를 사용하고, 한정된 주제에 소규모 장서와 장서증가량이 적은 전문도서관이라면 특수 분류표를 선정한다.

② 분류표가 서지적 참고도구에 사용되는 것인가를 고려해야 한다.

도서관의 각종 장서목록, 출판사의 출판 목록, 주제명 표목표, 자료정리용 CD - ROM 등에서 어떤 분류표가 제시되어 있는지를 살펴보아야 한다. 이들 서지적 도구에서 채택하고 있는 분류표를 사용하면 도서관 문헌분류 시에 활용할 수 있어 분류작업이 간단하고 정확하게 되어 분류업무가 경제적일 수 있기 때문이다.

일반적으로 한 나라에서 공통적으로 사용하고 있는 표준분류표의 분류기호가 그 나라의 서지적 참고도구로 주로 활용된다. 예를 들면 우리나라에서 출판되는 각종 도서목록, 서지, 해제, 색인, 국립중앙도서관의 인쇄카드는 KDC 분류기호를 제시하고 있으며, 경우에 따라서 DDC의 분류기호도 기재하고 있다.

③ 분류표에 대한 국내외의 평가와 각 도서관의 공통적 사용 여부를 고려해야 한다.

분류이론이나 실제적인 사용경험에 있어서 국내외에서 가치 있다고 평가하는 분류표를 선정하도록 노력해야 하며 또한 분류표를 선정할 때 다른 도서관과의 공통성 및 협력관계도 고려해야 한다.

이상의 3가지 요인 이외에도 도서관마다 차이가 있는 특수성, 예를 들면, 소속도서관의 목적과 성격, 운영방침, 지역사회의 요구, 열람방식, 이용자의 수준, 적응성 등도 고려해야 할 것이다.

현재 우리나라 도서관에서 주로 사용하고 있는 분류법 사용실태에 관한 여러 조사 결과를 종합해 보면, 대학도서관이나 전문도서관, 장서구성이 서양서 중심의 도서관에서는 DDC를 많이 사용하고 있으며, 공공도서관, 학교도서관, 장서구성이 동양서 중심의 중·소규모 도서관에서는 KDC를 많이 사용하는 것으로 나타나고 있다.[3]

(2) 문헌내용의 파악

문헌에 분류번호를 배정하기 위해서는 먼저 분류하고자 하는 자료의 내용을 파악하는 것이 필수적이다. 분류하고자 하는 문헌의 내용을 파악하는 방법은 일반교양도서, 문학류 도서 등은 다소 차이가 있지만 일반적으로 다음과 같은 방법에 의한다.

---

3) *Ibid.*, p.16.

① 서명: 서명은 저자가 의도한 도서의 내용을 간결하고 적절하게 표현하여 주는 것이 많기 때문에 분류에 있어 1차적으로 고려해야 할 대상이다. 전문 주제 분야는 대부분 서명과 도서내용이 일치하는 경우가 많지만, 일반 교양도서나 문학작품 등은 서명이 도서내용의 일부분만을 표현했거나, 암시적, 상징적 표현으로 되어 있을 경우가 많기 때문에 서명만으로 분류해서는 안 되며 목차, 서문 등 서명 이외의 것도 검토하여 종합적으로 파악해야 한다.

② 내용목차: 서명만으로 정확한 주제를 파악할 수 없거나, 비록 서명이 문헌의 내용을 명확하게 나타내고 있다고 판단되어도 보다 정확한 분류를 위해서는 반드시 내용목차를 통하여 주제를 보다 명확하게 판단해야 한다. 내용목차는 문헌의 내용을 장과 절에 의해서 서술한 순서대로 자세하게 나열하고 있기 때문에 도서의 주제 파악뿐만 아니라, 그 주제가 다루어진 관점까지도 추적할 수 있기 때문에 유용하다.

③ 서문, 해설: 서문(序文)은 주로 도서의 앞부분에, 해설은 도서의 뒷부분에 수록되어 있다. 서문에는 저술의 동기, 목적, 입장, 관점, 내용의 범위 및 전개 등이 설명되어 있다. 발문(跋文)은 서문과 같은 성격으로서 도서의 내력이나 동기, 감상을 독자에게 알리기 위해 도서의 끝부분에 기재한 것이다. 해설에서는 저자의 의도, 저자의 입장, 그 도서의 성립상황, 내용, 가치, 특색 등을 설명하고 있다. 특히 주석서나 번역서에서는 서문과 해설이 원전의 주제를 파악할 수 있는 중요한 요소가 되며 서문에 원서명, 원저자명의 완전한 철자 등이 기재되어 있는 경우가 많다. 이처럼 서문, 발문, 해설은 저자의 개인적 입장이나 도서의 내용범위에 대한 간단한 설명, 주장, 의도 등을 요약한 것이기 때문에 문헌내용을 파악하는 데 유용하다.

④ 참고자료: 위 방법으로도 도서내용이 확실히 파악되지 않을 경우, 분류하고자 하는 도서 이외의 다른 참고문헌을 조사해야 한다. 중

요한 참고자료로는 서평, 도서해제, 각 도서관에서 간행되는 장서목록, 각 출판사에서 간행되는 출판목록, 선정도서목록, 신간안내, 광고용 출판도서목록 등이 있다. 도서내용과 관련된 주제의 범위, 위치, 역사를 파악하기 위해서는 각종 백과사전, 사전을 참조할 필요가 있으며, 저자의 전공을 알기 위한 인명사전도 필요하고, 경우에 따라 개론서, 편람 등도 참고하면 유용할 것이다.

⑤ 본문 통독: 이상의 방법으로도 내용을 확실히 파악할 수 없을 경우에는 부분적으로 혹은 전권을 모두 읽어야 한다. 이 경우 특히 서론과 결론 부분을 주의 깊게 읽으면 어느 정도 내용을 파악할 수 있다.

⑥ 참고문헌, 인용문헌: 저자가 인용하거나 참고한 문헌이 내용파악에 유용한 경우가 많이 있다.

⑥ 전문가에게 문의: 이상의 과정으로도 내용을 확실히 파악할 수 없는 경우에는 해당 분야의 주제전문가에게 문의해야 한다. 이때 문의할 사항으로는 도서의 내용, 해당 학문 분야, 상·하위 주제 개념, 개념파악에 도움이 되는 참고도서 등이 있으며, 가능하다면 분류표를 제시하여 정확한 항목을 문의할 수 있어야 한다.

(3) 분류 기호의 배정

분류표를 선정하고 자료의 내용파악이 이루어지고 나면 그 내용에 선정된 분류표에서 사용하는 방식에 따라 기호를 부여해야 한다. 이를 분류기호의 배정이라고 한다. 분류표를 선정하고 분류표의 구조에 대해 완전히 이해했다 하더라도 여전히 여러 가지 문제가 남아 있다. 그러한 문제들은 다음과 같은 분류기호 배정시의 고려사항에 따라 분석하고, 그 결과 가장 우세한 요소에 따라 분류기호를 결정한다.

① 도서의 특정주제를 결정한다. 분류작업의 목적은 도서의 고유주제 또는 형식을 분류번호로 나타내는 것, 즉 분류번호화하는 데 있다. 따라서 '고유주제'라고 하는 데에 충분히 주의하지 않으면 보다 넓은 개념을 표시하는 강(綱)의 아래에 분류하기 쉽다.

   다만 주류 및 강목표나 요목표를 주로 사용하는 소규모 도서관이나 학교도서관에서는 미리 KDC의 세목표에 의해서 그 도서에 가장 특정한 분류번호를 찾아서 도서의 적당한 위치 예를 들어 표제지의 겉면 상부에 기입해 두면 분류를 세분할 필요가 있을 경우에 다시 분류하는 수고를 절약할 수 있다.

② 특정주제를 다시 그 구성요소로 분석한다. 특정주제는 많은 요소가 복합되어 있는 경우가 많으므로 적절한 분류번호를 배정하기 전에 그 내용을 면밀히 분석하지 않으면 안 된다. 예를 들면 「경제학사」는 「경제학」을 역사적으로 취급한 것, 「문학사전」은 「문학」을 「사전」의 형식으로 나타낸 것이다.

③ 그 특정주제나 구성요소 중 가장 중요한 요소를 선택하여, 이를 포함하는 유강(類綱)을 결정한다. 즉 저자가 취하고 있는 주장이나 관점을 분석한다.

④ 특정주제 또는 가장 중요한 요소의 분류번호를 KDC에서 찾고, 일반형식 구분이나 기타 공통구분 등을 필요로 하는 경우에는 해당 번호를 조합한다.

⑤ 분류번호가 없는 주제 또는 요소는 목록에 의하여 검색될 수 있도록 부출 혹은 분출을 하거나 설명을 부가한다.

(4) 재분류 작업

이미 분류표를 선정하여 사용하고 있는 기존 도서관에서는 특별한 이유나 부득이한 경우가 아니면 분류표를 변경하지 않고 그대로 사용하는 것이 바람직하다. 왜냐하면 신규자료 분류보다 재분류는 인력뿐만 아니라 경비가 보통 두 배 이상 들기 때문이다. 따라서 분류변경이 필요하다고 예상되는 경우에는 직원, 시간, 장서량, 이용 상황을 고려하여 결정하여야 한다.

재분류를 해야 하는 경우는 다음과 같다.

① 다른 분류표로의 변경에 따른 전 소장 자료의 재분류
② 분류표 개정에 따른 관련 자료의 부분적인 재분류
③ 일상적 분류작업에서 잘못된 분류의 정정작업

그러나 기존 분류표와는 완전히 체계가 다른 새로운 분류표로의 변경은 새로운 분류표가 그 도서관에 유효하다는 뚜렷한 이유나 전망이 없는 한 변경해서는 안 된다. 새로운 분류표의 채용이 불가피하더라도 이미 분류된 자료수가 소수가 아닌 한 전체자료의 재분류는 피하는 것이 바람직하다. 기존 장서는 기존 분류체계를 따르고, 신규로 입수되는 자료부터 새로운 분류표를 적용하든지 혹은 이용 빈도가 높은 자료만을 선정하여 재분류하는 방안이 바람직하다. 분류의 개정판이 나와 재분류하는 경우에는 각종 서지정보 도구에서 표준분류표에 해당하는 개정된 분류표의 분류기호를 배정하고 있으므로 이를 활용하는 도서관은 새로이 입수되는 자료부터 개정분류표의 분류기호를 배정하고, 기존자료에는 점차적으로 확대하는 것이 좋다. 분류 담당 사서의 잘못으로 동일한 주제의 자료가 흩어져 있을 경우에는 재분류 작업을 일상적으로 꾸준히 실시하여야 한다.

1.2. 분류규정

분류표의 구조를 정확하게 이해하고 도서의 주제를 정확하게 파악하여도 분류기호의 배정에 곤란을 느낄 때가 많다. 이는 분류대상의 내용이 복합적이어서 여러 가지 관점에서 주제접근이 가능하여 분류자의 주관적인 판단이 일관되게 작용하지 않기 때문이다. 따라서 도서관에서는 분류기호를 배정하

는 데 공통적인 원칙을 정하여 일관된 분류작업에 임할 수 있도록 자관의 분류규정을 작성, 활용해야 한다.

분류규정(classification code)이란 분류작업을 실시하기 위해 자관의 분류방침이나 규칙을 공식화, 명문화한 것을 의미한다. 즉 분류표의 적용, 운용을 위한 규칙으로서 분류작업자의 분류안내나 지침이 된다. 따라서 분류규정을 작성할 때에는 ① 분류표 운영상의 기본적인 방침 ② 분류표에서 제시한 여러 규정 중 채택한 규정에 대한 결정 – 전주제구분, 특수주제구분, 양자택일, 조기표의 사용법 ③ 분류항목의 의미나 범위의 한정과 해석의 통일 ④ 유사 개념의 적용범위 확정 ⑤ 분류기호의 전개 및 세분의 결정 등이 반드시 포함되어야 한다. 그러나 이러한 규정은 자관의 특성에 맞게 작성되어야 한다.

이와 같은 분류규정에는 분류작업의 일반적인 방침이나 원칙인 일반규정과 개개의 주제에 관한 지침인 특수규정(특수주제규정, 주류규정)이 있다.

① 일반규정: 모든 주제에 통용되는 규칙

② 특수규정: 분류표의 특정 유·강·목과 특수한 주제에만 적용되는 규칙

(1) 분류의 일반규정

분류의 일반규정은 모든 주제에 통용되는 규칙을 의미하며, 분류에 있어서 주제를 취급하는 기본방침과 원칙을 규정하는 것이다.[4]

① 기본원칙

㉠ 모든 자료는 분류표에 근거하여 분류하되, 이용자를 우선 고려하는 분류가 되어야 한다. 따라서 일시적 요구보다는 영구히 유용할 수 있는 분류위치에 분류한다.

㉡ 분류의 중요한 원칙은 자료의 원인이 된 학문보다는 그 자료가 의도

---

4) 이하의 설명은 김포옥, 박진희 공저, 문헌분류론(고양: 조은글터, 2009), 162-171의 내용을 바탕으로 재전개한 것이다.

하는 학문 분야와 주제에 분류한다.

ⓒ 분류의 1차 기본 원칙은 자료의 핵심내용, 즉 주제이다. 다시 말해서 먼저 주제에 분류하고, 필요할 경우에는 표현형식이나 취급 지역, 적용시대 등의 패싯을 조합해야 한다. 예외적으로 문학형식이 있는 문학저작은 형식, 총류의 일부 주제는 국어나 국가(지리)가 중요한 구분기준이다.

ⓔ 단순히 저자나 서명에 의해 분류 기호를 결정해서는 안 되며, 동일 주제의 도서가 상이한 곳에 분류되어서도 안 된다. 또한 도서관에 따라 양자택일, 분류기호의 자수 제한 등과 같은 해당 도서관의 분류방침이나 지침을 명확하게 확인한 다음에 이를 준수하여야 한다.

② 주제와 형식

㉠ 도서는 먼저 주제에 따라 분류하고, 그 다음에 그 주제를 표현하는 형식에 의해서 세분한다.

㉡ 도서는 서명이나 저자의 전공 분야에 의하여 분류하는 것이 아니라 자료의 내용이 되는 주제에 따라서 먼저 분류한다.

ⓒ 다음에는 그 주제를 표현한 편집형식 사전, 편람, 연속간행물, 전집 등) 또는 서술형식에 따라 분류한다.

> 종교사전 → 종교(200) + 사전(형식 - 03) = 203
> 법철학 → 법학(360) + 철학(형식 - 01) = 360.1

그러나 주제와 형식 순으로 분류되지 않는 예외사항이 있다.

㉠ 총류의 서지학(010), 문헌정보학(020), 신문학(070)을 제외한 나머지와 문학작품에서는 먼저 주제에 따라 분류하지 않고 형식에 따라 분류한다.

㉡ 일반사전(030), 일반 강연집, 수필집(040), 일반연속간행물(050), 총서(080) 등에서는 1차적으로는 사용된 형식에 따라 분류하고 2차적으로 사용된 국어에 따라 세분한다.

ⓒ 문학작품은 1차적으로 원저작에서 사용된 국어에 따라 분류하고, 2차
적으로 그 작품의 표현된 형식인 시, 희곡, 소설 등에 의하여 세분한다.

③ 복수주제

㉠ 동일 도서 내에서 둘 또는 셋 이상의 주제를 각각 독립적으로 다루고
있을 경우에는 가장 중요한 것으로 판단되는 즉, 저자가 강조하거나
중점을 둔 주제에, 그렇지 않으면 더 많이 취급된 주제에 분류하고 나
머지 주제에 대한 분류번호는 접근점을 마련해 준다.

> 물리학, 화학, 생물학 → 생물학(생물학이 강조된 경우)

그러나 동등하게 취급되었거나 단순비교의 경우, 그리고 특별히 강조한
주제가 없다면 '선행규칙(first of two rules)'에 따라 분류표상 선행하는 주제
에 분류한다.

> 물리학, 화학, 생물학 → 물리학(530)
> 민주주의와 사회주의 → 민주주의(340.22)
> 미국과 일본의 역사(동등취급의 경우) → 일본역사(913)

㉡ 3개 이하의 복수주제를 다룬 자료에서 어떤 주제가 다른 주제의 하위
개념일 경우에는 상위주제에 분류한다.

> 생명과학과 동물학 → 생명과학(470)

㉢ 어떤 자료에 상위주제의 세목인 3개 이상의 주제가 포함되어 있을 경
우에는 '삼자포괄규칙(rules of three)'에 따라 그들을 포괄하는 상위항

목으로 분류한다.

> 물리학, 화학, 지질학, 생물학 → 자연과학(400)
>
> 영국·독일·프랑스·이탈리아의 역사 → 유럽역사(940)

㉣ 두 주제를 다룬 도서로서 그 주제 중의 하나가 다른 주제에 영향이나 작용을 주는 경우에는 그 영향을 받았거나 작용을 받게 된 주제 아래 분류한다. 이와 같은 경우는 주로 두 주제가 '와, 과'와 같이 접속사로 연결되어 있거나 '~이 ~에게 끼친 영향'과 같은 형식으로 표시되기도 한다.

> 중국의 유교문화와 한국풍습 → 한국풍습(380.911)
>
> 공자와 한국문화 → 한국문화사(911)
>
> 기후와 식물 → 식물학(480)
>
> 한국문학에 미친 유교의 영향 → 한국문학(810)

㉤ 구체적인 주제와 추상적인 주제가 함께 내포되어 있을 경우에는 구체적인 주제 아래 분류한다. 그러나 개인의 사상이나 업적이 다수인에 영향을 미친 자료는 개인의 측면에 분류한다.

> 불교에 의해서 설명된 종교의 기원 → 불교(220)
>
> 한국문학과 불교사상 → 불교철학 및 사상(220.1)
>
>   (문학가의 저작이면 한국문학 평론에 분류한다)
>
> 정보통신과 청소년범죄환경 → 청소년범죄문제(334.245)
>
> 백악천이 한국문학에 미친 영향 → 811(唐詩)

ⓑ 인과관계

도서가 두 주제 간의 원인과 결과를 다룬 것일 경우에는 결과로 된 주제에 분류한다.

> 종교의 기원으로서의 신화 → 종교사(209)

④ 주제와 관점

㉠ 어떤 주제가 다루어진 관점은 그 주제를 설명하는 저자의 입장을 분명하게 나타낸 것이다. 따라서 관점이 있는 경우에는 주제의 관점을 우선적으로 고려하여 분류한다.

> 결혼의 윤리적 연구 → 가정윤리(192)
> 국제법상에서 바라본 제5공화국 외교 → 한국사(911.075)

㉡ 주제를 설명하는 관점이 둘 이상일 경우에는 주된 관점에 분류하되 판단하기 어려운 경우에는 저자의 전공 분야를 고려하여 분류한다.

> 결혼관의 도덕적, 사회학적 충돌현상 → 가정윤리(철학적 측면에 치중)
> 결혼관의 사회학적, 민속학적 재해석 → 사회학(사회학자의 저작)

⑤ 주제와 연구방법

㉠ 어떤 주제를 연구하기 위하여 방법이나 이론을 응용한 저작은 연구대상이 되는 주제 아래에 분류한다. 즉, 가설이나 연구방법, 자료조사, 수단, 이론의 적용 등은 이들 아래에 분류하지 않고 연구된 주제 아래 분류한다.

> 도서관경영경제학 → 도서관학(020)
> 사회심리학 → 사회학 아래의 사회적 상호작용(331)

⑥ 비교와 대조

두 주제를 비교, 대조하여 한 주제나 의견을 옹호하고, 다른 의견을 비난한 저작은 저자가 옹호하려고 하는 주제에 분류하고, 대조적인 것은 저자가 주장하는 주제에 분류한다.

> 한국과 미국 → 한국사(911) (한국의 입장을 주장하는 경우)
> 불어 대조 독일어 입문 → 독일어(750) (독일어를 강조하는 경우)
> 파시즘이냐 민주주의냐 파시즘(301.7) (파시즘을 옹호하는 경우)

⑦ 비판

한 저자가 다른 사람의 학설이나 연구 결과를 비판한 저작은 비판의 대상이 되는 저자에 분류하지 않고, 비판한 학자의 학설에 분류한다. 이는 학자의 비판은 비판자의 주장과 학설이 내포되어 새로운 이론을 형성, 발전되기 때문이다. 이와 같은 맥락에서 서평이나 비평을 다룬 도서는 비평된 주제 아래 분류한다.

> 케인즈 입장에서 바라본 아담 스미스 경제이론 비판 → (320.185)
> 김소월 시 비평 → (811.6)

⑧ 원저작과 그 관련 저작

㉠ 특정 원저작의 번역, 비평, 해설, 단순비평, 주석 등은 원저작과 동일한 곳에 분류한다. 그 이유는 원저작과 관련 저작을 군집함으로써 연

구 및 이용의 편이성을 도모할 수 있기 때문이다.

> 한용운의 시세계 → 한국시(811)
> 역괘 고려사 → 한국고대사(911.04)

ⓛ 어학의 학습을 목적으로 간행된 대역서, 주역서 등은 주제 또는 형식
에 관계없이 학습하고자 하는 국어의 해석, 독본으로 분류한다.

> O'Henry's Short Stories(대역시리즈) → 영어독본(747)

ⓒ 특정 목적을 갖고 원저작의 일부분을 단독으로 재간행하였거나, 번역
하였을 경우에는, 이를 대상으로 한 번역서, 연구서는 그 일부분의 주
제에 따라 분류하고, 원저작에 분류하지 않는다.

> Library of Congress Classification Class: L(Education)
> → 024.42(특수분류표)＋37(교육학)＝024.4237(LCC의 분류번호인
> 024.4235905 아님)

⑨ 총서 및 단행본

총서, 전집, 선집, 강좌 등을 일괄하여 총서로 분류할 것인가, 아니면 단
행본으로 취급하여 개별적으로 분류할 것인가의 결정은 총서의 간행 특성과
도서관의 방침에 따라 차이가 있다. 그러나 일반적으로는 그 성격에 따라
분류한다.

ⓐ 특정 주제에 한정되지 않은 것이거나 여러 사람의 문학작품집이나 미
술전집, 개인의 저작집(전집, 선집, 작품집), 크기나 부피가 작은 문고
본은 총서에 분류한다.

> 현암신서(1 - 100권) → 한국의 일반문고(081.1)

ⓛ 총서명은 표기되어 있으나 권, 호 표시가 없을 경우, 총서명이 작게 표시되어 있고, 본서명이 크게 기재되어 있는 총서, 출판사 총서류 등은 단행본으로 취급하여 각각의 주제에 분류한다.

> 정복규, 김석희 공저. 경영학원론(경영학 총서) → 325(경영학)

ⓒ 특정 주제에 한정된 다권본은 주제에 분류한다.

> 세계수필문학전집 → 808(문학전집)＋3(수필)＝808.3
> 사회과학총서 → 사회과학(300)
> 김춘수 시전집 → 한국현대시(811.36 현대)＋08(전집)＝811.3608

⑩ 분류표에 없는 새로운 주제

분류표에 설정되어 있지 않은 주제는 그 주제와 가장 밀접한 관계가 있다고 생각되는 주제를 찾아서 그곳에 함께 분류하거나, 신설하여 전개한다. 이 때 분류표와 색인에 삽입·전개된 사항을 포함시켜야만 차후 잊어버리거나, 전후임자 간에 이중적으로 분류하는 것을 피할 수 있다.

> 동아시안 게임 → 아시안게임(692.0695) (항목이 없어서 아시안게임과
> 함께 분류)

(2) 분류의 특수규정

　각 도서관은 자료분류의 일반규정에서 제시되지 않은 유형구분, 분류표에 설정된 선택조항의 적용, 분류번호의 단위 절단기준, 개별주제에 대한 분류지침, 분류표의 부분수정과 세분전개 등에 대한 특별규정을 마련해야 한다.
　① 자료에 수록된 정보와 정보내용의 특성, 서고공간의 구성, 배치방식, 배가방법 등을 고려하여 별치기호를 부여하는 규정과 도서기호에 대한 적용기준을 규정해야 한다.
　② 분류표에 제시된 양자택일의 선택조항에 대한 명확한 적용기준을 규정한다. 예를 들어 전기서의 경우, 전문도서관과 대학도서관에서는 각 주제와 함께 분류하는 것이 좋으나 공공도서관과 학교도서관에서는 전기서를 별도로 모아 주는 것이 이용에 편리하다. 또한 특수법률 및 법령은 일반도서관에서는 주제 아래 분류하는 것이 이용자에게 편리하지만 법률 도서관에서는 368 기타 제법 아래에 군집시켜 배열해 주는 것이 이용에 편리하다. 이러한 사례는 법규나 법령집의 경우도 마찬가지이다.

> 이광수 전기 → 998.81(공공·학교 도서관의 경우)
> 　　　　　 → 810.099(전문·대학 도서관의 경우)

　③ 대다수 분류표가 열거식 배열체계에 조합식 분류원리를 도합하고 있으므로 분류번호가 길어지는 경향이 심화되고 있는데, 이용자 입장에서는 분류기호가 짧은 것이 유리하므로 분류번호의 단위 절단기준을 규정한다.
　도서관 사정에 따라 장서의 양과 이용자 수를 감안하여 가급적 세분된 주제까지 분류한다. 세분된 주제는 자기 도서관에서 필요한 자수를 결정한 후 그 범위 내에서 세밀한 기호를 부여한다. 예로, 초등학교

도서관에서는 두 자리 혹은 세 자리만 사용하여도 분류가 가능하다. 장서량이 일만 권이 넘게 되면, 세 자리와 부분적으로 네 자리 또는 그 이하를 사용하여도 좋다. 향후 장서량이 급증할 도서관은 처음부터 세목을 사용하고 전문 분야의 장서가 중심이 되는 대학도서관, 전문도서관, 대규모 도서관에서는 완전한 세목을 사용한다. 예를 들어 방학이란 주제를 KDC로 분류하면 5가지 방법이 가능하다.

300	사회과학	(1자리 사용할 경우의 분류기호)
370	교육학	(2자리 사용할 경우의 분류기호)
372	학교행정 및 경영	(3자리 사용할 경우의 분류기호)
372.3	학교행사	(4자리 사용할 경우의 분류기호)
372.33	방학	(5자리 사용할 경우의 분류기호)

위의 다섯 가지 기호 중 자관의 규모나 성격에 따라 정한 범위 내에서 가장 세밀한 곳까지 분류한다.

④ 어떤 분류표를 채택하더라도 각각의 문제점이 있으므로, 자관의 분류표가 가지는 문제점을 해결하거나 보완하기 위해 부분수정, 분류항목의 재배정, 세분전개 등으로 보완하기 위한 세부규정이 필요하다. 특히 DDC를 채택하는 국내의 많은 대학도서관에서는 한국 지역이나 동양관계 자료를 위한 한국식 전개방법이나 의학주제 분야의 자료를 위한 세부적 전개지침에 관한 특별규정이 필요하다.

⑤ 분류표상 둘 이상의 위치에 해당하는 주제에 관해 특별규정이 마련되어야 분류의 일관성을 유지할 수 있고 서가에서 자료가 분산되는 것을 막을 수 있다. 즉 양자택일을 결정하여, 이후 지속적으로 한곳에 일관성 있게 분류하도록 한다.

전산학 → 004 또는 566

KDC에서는 표준구분에 대한 특수규정을 제시하고 있다. 표준구분은 특수한 지시가 있는 것 외에도 필요한 경우에는 분류표의 전 주제에 공통적으로 적용할 수 있으나 자관의 분류방침에 따라 자릿수의 제한을 고려해야 하기 때문이다. 표준구분과 각 유(類)에 대한 특수규정의 상세한 내용에 대해서는 해당 부분에서 살펴보고자 한다.

▌제2장 KDC의 역사 및 특성

2.1. KDC의 역사

해방 이후 국내 도서관에서 채용한 분류법은 1946년 박봉석에 의해 초안이 완성된 조선십진분류표와 1954년에 간행된 고채창의 한은분류법, 그리고 1958년 국방연구에서 발간한 국연십진분류표가 있었으며, 외국의 분류표는 듀이십진분류법, 일본십진분류법 등이 있었다. 그중 조선십진분류표는 공공도서관의 표준분류표로도 사용되었고, DDC는 1957년 이후에 대학도서관에 급속하게 보급되었다. 그러나 조선십진분류표는 네 자리까지만 전개했기 때문에 분류항목이 미약하였고, DDC는 서양 중심의 전개로 한국 실정에 맞지 않는 부분이 너무 많아 새로운 분류표의 편찬이 불가피하였다.

이러한 상황에서 한국도서관협회는 1963년 분류분과위원회를 구성하여 분류표편찬 작업에 착수하여 1964년 5월 한국십진분류표(Korean Decimal Classification) 초판을 발간하였다. 초판 KDC의 특징을 살펴보면 다음과 같다.

① 주류의 배열은 DDC의 강과 목, 세목의 많은 부분은 NDC를 토대로 편찬하였다.

② 전체의 전개에 있어서 DDC의 구미중심에서 한국 및 동양 중심으로 수정하였다.

③ DDC의 400(언어)을 KDC에서는 700에 옮겨 문학과 가까이 접근시켰다.

④ 유사한 주제끼리 상관색인을 설정해 놓아 관련 기입어를 정확하고 편리하게 찾을 수 있도록 하였다.

⑤ 주제를 분류표의 두 곳에 마련, 도서관의 특성과 이용자의 부류에 따라 양자택일할 수 있도록 하였다.

그러나 초판은 세목전개에서 적지 않은 문제점이 드러났고, 오자 및 탈자가 많았기 때문에 이를 수정하고, 세목전개력을 강화할 의도로 1966년 5월 제2판을 발간하였다. 이후 1980년 제3판이 발행되었는데, 제3판에서는 제2판의 부족한 부분과 모순된 내용만 최대한 보완했기 때문에 2판과 비교할 때 구성체계의 변화는 없이 본표와 색인으로 분리된 2권으로 발행되었다.

한편 20세기 후반부터 학문이 급속도로 발전하여 새로운 학문과 주제 분야가 등장하였고, 학제성과 세분화가 동시에 가속되는 상황이 도래되었다. 이에 한국도서관협회는 새로운 변화추세를 반영하기 위해 1990년 4판 개정 작업을 위한 분류위원회를 구성, 다음과 같은 분류표개정방침에 따라 본표와 색인의 2권으로 된 제4판이 1996년 8월에 간행되었다.

① 유·강·목의 변경은 가능한 피하도록 한다.

② 새로운 학문 발전의 추세를 충분히 반영시켜 새로운 항목을 배정한다.

③ 3판의 정신을 가능한 살리되 세목부분은 개정 또는 전개한다.

④ 구표목 중 적절하지 못한 항목은 신항목으로 대치한다.

⑤ 과학기술 분야 등 급변하는 주제는 필요한 세목을 과감히 전개, 세분한다.

제4판 간행 이후 학문의 급속한 발전과 사회현상의 끊임없는 변화로 인하여 4판을 가지고는 새로운 정보환경에 대처하기에 어려움을 느끼게 되었고, 4판까지 모두 그 본문이 한자 중심으로 편집되어 있어 한자에 익숙하지 못한 세대들이 사용하기에 불편하다는 문제점을 해소하기 위해 개정작업에 착수하였다. 그 결과 2009년 1월 제5판이 발행되었다. KDC 제5판의 특징을 살펴보면 다음과 같다.

① 전문을 한글로 표기하였다.

② 컴퓨터과학 분야를 통합하였다. 전산학(004)을 '컴퓨터과학'으로 용어를 변경하고, 기존의 전산공학(566)을 삭제하고, 전부 총류에 일원화시

컸다. 구체적으로 기존의 566.1 - 566.7은 004.1 - 004.7에 분류하였으며, 기존의 566.8은 005에 분류하였다.

③ 형이상학에 포함되어 있던 인식론(115)을 120(인식론, 인과론, 인간학)으로 재배치하여 110과 120을 수정, 전개하였다.

```
120 空記號 → 120(인식론, 인과론, 인간학)
        121 인식론 [前 115]
        122 인과론 [前 119]
        123 자유 및 필연 [前 116]
        124 목적론 [前 117]
        125 가치론 [前 118]
        126 철학적 인간학 [前 114]
```

④ 학문과 지식의 시대적 변화에 따라 경영(325), 행정학(350), 법학(360) 등을 대폭적으로 개정하였다.

⑤ 순수과학(400)을 '자연과학'으로 명칭변경 하였으며, 학문의 발전에 맞추어 106개의 용어를 수정하였다.

⑥ 기술과학(500)의 용어를 변경하고, 주기 및 항목신설, 기호합성주기를 추가하였다.

⑦ 676(건반악기 및 타악기), 677(현악기), 678(관악기)의 악기를 계층적 구조에 따라 분류하였으며, 표목을 일반적인 명칭으로 변경하였다.

⑧ 679(국악)를 679(한국음악 및 동양전통음악)로 표목을 변경하여 동양의 전통음악 분야도 함께 분류하였다. 또한 전통악기는 「악학궤범」의 분류법인 계통법을 따라 전개하였다.

⑨ 언어공통구분표의 −8(고어, 방언)을 −8(방언(사투리))로 변경하고, 2개 국어사전 분류규정을 변경하였다. KDC 제4판에서는 ㉠ 먼저 이용자의 입장에서 비교적 덜 알려진 언어에 분류하고, 상대어를 부가하고, ㉡ 양자택일 규정으로 도서관에 따라 표제어에 분류하고, 해설어

를 부가할 수 있도록 되어 있다. 그러나 KDC 제5판에서는 이 두 방식을 바꿔 ㉠ 우선적으로 표제어에 분류하고, 해설어를 국어구분의 기호를 사용하여 부가한다. ㉡ 양자택일 규정으로 도서관에 따라 이용자의 입장에서 비교적 덜 알려진 언어에 분류하고 상대어를 부가할 수 있도록 하였다.

⑩ 문학류에서는 문학시대구분을 구체화하였다. 즉 현대 한국문학(810.906)에 항목을 추가하여, 810.9061(1910 – 1945), 810.9062(1945 – 1999), 810.907(21세기, 2000 –)로 세분하였다.

현대소설(813.6)을 주제에 따라 다양하게 세분하여 전개시킬 수 있도록, 선택조항(option)을 추가, 적용하였다.

> 813.6 20세기, 1910 – 1999
> 도서관에 따라 현대소설을 다음과 같이 세분할 수 있다.
>   .602 단편소설
>   .603 역사, 전기, 정치, 사회소설
>   .604 로맨스, 연애, 애정소설
>   .605 추리, 탐정, 모험소설
>   .606 괴기, 유령, 공포소설
>   .607 과학(SF), 공상, 판타지 소설
>   .608 기타 소설

⑪ 일본문학의 한자음을 일본어 원음으로 표기하고, 실제 문헌이 많은 경우 실명으로 표기하였다.

⑫ 지역구분표를 세분화하였다. 본표에서 각국의 지역구분을 국가명 혹은 1단계로 단순화하고, 대신 지역구분표를 세분하여 조기표 활용을 강화하였다.

⑬ 현 북한의 행정구역 명칭을 적용하여 최근에 수집된 북한 자료에 대한 분류표 적용이 가능하게 되었다.

⑭ 주요 국가에 대한 지역구분을 세분화하였다. 경제협력개발기구 가맹국 중 우리나라와 밀접한 관련을 맺고 있는 9개국(호주, 캐나다, 프랑스, 독일, 이탈리아, 일본, 스페인, 영국, 미국)과 최근 급성장하고 있는 중

국, 러시아, 인도를 포함하는 총 12개국을 대상으로 지역구분을 세분화하였다. 아울러 서남아시아 국가들에 대한 구분을 재조정하였다.

2.2. KDC의 일반적 특성

(1) 주류의 배열체계

KDC의 주제배열은 DDC와 마찬가지로, Bacon의 학문분류에 바탕을 두고 있다. 한편 DDC를 편찬한 Melvil Dewey가 기초하고 있는 W. T. Harris의 분류는 Francis Bacon(1561 – 1626)의 저서 「학문의 진보」(1605)에 발표된 학문의 분류체계(The Chart of Human Learning)를 근거로 한 것이다.

Bacon은 인간의 정신능력에 따라 그에 대응하는 학문들을 구분하였다. Bacon은 인간의 정신능력을 기억(memory), 상상(imagination), 오성(understanding 또는 reason)으로 구분하고, 기억에 대응하는 사학(역사, history), 상상에 대응하는 시학(문학, poesy), 오성에 대응하는 이학(철학, philosophy)을 주요 학문 분야로 설정하고 순서를 정하여 분류하고 있다. 한편 Harris는 Bacon의 학문분류의 순서를 거꾸로 바꾸어 자신의 분류체계를 세우고 있다. 이것을 Harris의 역Baconian(Harris's inversion of the Baconian order) 또는 역Bacon식(inverted Baconian)이라 한다. 따라서 KDC는 그 주류의 계통을 Francis Bacon → W. T. Harris → Melvil Dewey(DDC) → KDC와 같이 세울 수 있으며, August Comte의 학문분류를 기초로 하고 있는 EC, LCC, NDC와는 그 계통이 다른 것이다.

Bacon, Harris, DDC, KDC의 주류배열을 도시하면 <그림 2-1>과 같다.

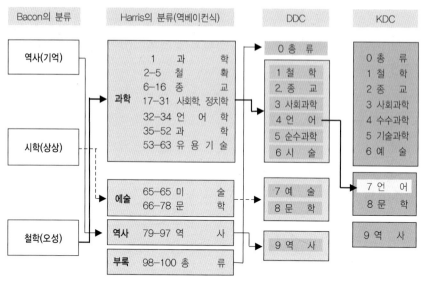

〈그림 2-1〉 Bacon, Harris, DDC, KDC의 주류배열

위 그림에서 알 수 있듯이 DDC의 주류의 구분과 배열이 Harris의 분류표를 그대로 따랐기 때문에 그 결과 어학과 문학, 사회과학과 역사가 분리되는 불합리성이 계승되었다. 이러한 배열상의 불합리성을 없애기 위해 KDC에서는 DDC가 언어와 문학을 분리시키고 있는 단점을 해결하기 위해, 이 두 주류를 각각 700과 800에 배정하여 서로 근접시키고, 자연과학과 기술과학, 예술을 각각 한 단계씩 위로 이동시키고 있는 것이다.

(2) 십진식 분류체계

KDC는 기본적으로 십진식(十進式)의 분류체계를 따르고 있다. 즉 KDC는 지식의 전 분야를 철학(100), 종교(200), 사회과학(300), 자연과학(400), 기술과학(500), 예술(600), 언어(700), 문학(800), 역사(900)와 같이 9개로 구분하고, 이 9개 주류 중 어느 주류에도 속하지 않거나 그 전체 또는 여러 개의 주류를 포괄하는 것을 총류(總類)라 하여 맨 앞에 배정하고 있다.

이와 같은 주류(제1차 구분)의 순서는 위에서 언급한 바와 같이 세계적으로

널리 사용되고 있는 실용적인 분류법인 DDC(Dewey Decimal Classification)를 바탕으로 십진식의 체계를 취하여 배열하고 있는 것이다.

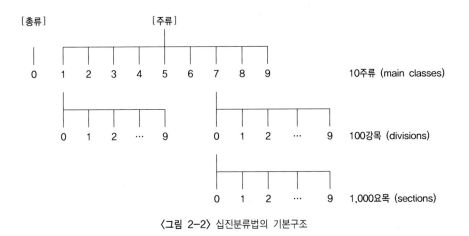

〈그림 2-2〉 십진분류법의 기본구조

KDC는 <그림 2-2>와 같이 십진식에 따라 지식의 전 분야를 10개의 유로 대별하고, 이를 기초로 삼아 점진적으로 전개해 나간다. 분류기호로는 아라비아숫자를 사용하고 있는데, 1 철학, 2 종교, 3 사회과학, 4 자연과학, 5 기술과학, 6 예술, 7 언어, 8 문학, 9 역사와 같이 9개로 구분하고, 이 9개 주류 중 어느 주류에도 속하지 않거나 그 전체 또는 여러 개 주류를 포괄하는 것을 0 총류라 하여 맨 앞에 배정하고 있다. 다만 실제 분류기호의 경우는 세 자리가 안 될 때는 세 자리를 채우기 위해 부족한 자릿수를 0으로 채우게 된다. 이 10개의 기초구분을 주류(main classes)라 부른다.

이 주류를 같은 방법으로 2차적으로 10단위에서 다시 각각 9개로 구분하고 이에 0 총류를 합하면, 표 전체는 10×10으로서 100구분이 된다. 이 100구분을 강목(綱目) 또는 강(divisions)이라 한다. 예를 들면 사회과학류(300)를 보면, 30[0] 사회과학 총류, 31[0] 통계학, 32[0] 경제학, 33[0] 사회학·사회문제[0], 34[0] 정치학, 35[0] 행정학, 36[0] 법학, 37[0] 교육학, 38[0] 풍속, 예절, 민속학, 39[0] 국방, 군사학이 각각 강목인 것이다. 또 이 강목을 100단위에서 주류와 강목에서와 같이 3차적으로 구분하면, 표 전체는 10×10×10으로 1000구분이 된다. 이것을 요목(要目) 또는 목(sections)이라 한다. 위에서 예시한 사회과학류 중 32[0] 경제학의 목을 예로 들면, 320 경제학, 321 각론, 322 경제정책, 323 산업경제일반, 324 기업경영, 325 경영관리·회계학, 326 공익사업, 327 금융, 328 기업경영, 325 경영관리·회계학, 326 공익사업, 327 금융, 328 보험, 329 재정이 각각 요목인 것이다.

유·강·목을 전개한 방법으로 요목 이하에서도 필요에 따라 순서대로 총류 아래에서 9개 구분을 할 수 있는데, 이를 세목(細目: subdivisons)이라 하며 이때 요목에는 편의상 소수점(.)을 부여한다. 위에서 예시한 경제학 중 327 금융의 세목을 예로 들면, 327.1 금융정책, 327.2 화폐, 327.3 물가, 327.4 금융시장, 327.5 은행, 327.6 신용대부기관, 327.7 신탁, 327.8 투자금융, 327.9 국제금융이 각각 세목인 것이다.

이상의 KDC 주류, 강목, 요목, 세목에 대한 내용을 표로 나타나면 다음과 같다.

〈표 2-1〉 KDC 유강목의 계층구조

주류 (main classes)	강목 (divisions)	요목 (sections)	세목 (subdivisions)
3[00]사회과학	30[0] 사회과학 총류		
	31[0] 통계학		
	32[0] 경제학	320 경제학	
	33[0] 사회학, 사회문제	321 각론	
	34[0] 정치학	322 경제정책	
	35[0] 행정학	323 산업경제일반	
	36[0] 법학	324 기업경영	
	37[0] 교육학	325 경영관리, 회계학	
	38[0] 풍속, 민속학	326 공익사업	
	39[0] 국방, 군사학	327 금융	.1 금융정책
		328 보험	.2 화폐
		329 재정	.3 물가
			.4 금융시장
			.5 은행
			.6 신용대부기관
			.7 신탁
			.8 투자금융
			.9 국제금융

이와 같이 KDC는 주류에서부터 세목에 이르기까지 순차적으로 0의 총류 아래에서 9개 구분, 즉 총류를 합쳐 10구분씩 순서대로 전개하여 번호를 조직해 나가는 십진식 분류법인 것이다.

(3) 계층적 분류표

KDC는 계층적 분류표(hierarchical classification)라 할 수 있다. 이는 학문이나 주제의 관계를 나타내기 위해서, 일반적인 것들로부터 시작하여 점차 구체적인 것들로 전개하게 됨을 의미한다.[5] KDC는 주류에서 강목, 요목, 세목으로 전개될수록 개념은 더욱 세분되고, 한정화된다. 그러나 이것은 하나의 원칙으로 채택된 것으로서, 분류표에 일반적으로 전개적용 된다는 의미로, 반드시 모든 경우에 완전하게 적용되는 것은 아니다.

KDC의 계층구조는 분류기호의 자릿수, 즉 길이에 의해서 표현된다. <표 2-2>에서처럼 밑줄로 표시된 의미를 갖는 분류기호의 자릿수가 해당 분야의 상하관계를 나타내게 된다. 경제학(320)의 의미를 갖는 자릿수가 그보다 하나 적은 사회과학(300)의 하위류(subordinate class)가 되며, 그보다 하나 많은 재정(329)의 상위류(superordinate class)가 된다. 법인세(329.432)와 소득세(329.433)는 둘 다 직접세(320.43)의 하위류가 되지만, 둘 사이는 서로 동위류 또는 등위류(coordinate class)의 관계가 된다.

---

5) Marty Bloomsberg and Hans Weber. *An Introduction to classification and number building in Dewey.* Colorado: Libraries Unlimited, 1976. p.17(오동근, 배영활, 여지숙 공저. KDC의 이해. 서울: 태일사, 2002, p.32 재인용).

〈표 2-2〉 320 경제학의 계층구조

주류	강목	요목	세목
000 총류			
100 철학			
200 종교			
300 사회과학			
	310 통계학		
	320 경제학		
		329 재정	
		.4 세입, 조세	
			.43 직접세
			.432 법인세
			.433 소득세

이 외에도 활자크기와 인덴션(indention)을 사용하여 계층구조를 표현하고 있다. KDC에서는 계층구조에 따라서 분류기호와 표목의 크기를 다양하게 표시하고 인덴션을 사용하여 오른쪽으로 들이켜 기재한다. 아래 <표 2-3>에서 알 수 있듯이 표목주제가 세분되어 더 하위 주제로 갈수록 활자는 작아지며, 오른쪽으로 들이켜 기재된다. 활자크기와 인덴션을 통해서도 주제의 상하관계를 파악할 수 있다.

〈표 2-3〉 KDC 표목의 활자크기와 인덴션의 계층구조

300 사회과학 Social Sciences	
320	경제학 Economics
329	재정 Public finance
.4	세입, 조세
.43	직접세
.432	법인세
.433	소득세

(4) 학문에 의한 분류를 바탕으로 부분적으로 주제에 의한 분류를 보완

KDC는 전체적으로 학문에 의한 분류를 바탕으로 하면서 부분적으로 주제에 의한 분류를 보완하고 있다. KDC에서 기본으로 하고 있는 학문에 의한 분류는 기본적으로 동일한 주제를 다루고 있는 자료의 경우에도 해당 주제에 대한 취급방법이나 접근하는 측면에 따라 별도의 학문 분야에 분류되는 것을 의미한다.

그러므로 KDC에서는 경우에 따라서는 동일한 자료가 분류표상에서 둘 이상의 곳에 나타날 수 있다. 예를 들어 '음악'이라는 하나의 주제는 교육이나, 예술, 저작권 등을 포함한 여러 학문 분야에서 이를 다루게 된다. 이때 음악의 '교육적 문제'는 교육학의 일부로서 374.67에 분류하며, '예술'로서의 음악은 670에 분류되며, 음악의 '저작권'은 011.204에 분류된다.[6]

그러나 학문에 의한 분류의 원칙이 KDC에서는 절대적인 원칙이라기보다는 일반적인 원칙이라는 사실에 유의해야 한다. 즉 KDC에서는 명시적으로 나타나 있지 않으나, 분류표의 많은 부분에서 주제분류표적 성격을 볼 수 있다. 예를 들면 음악에 관련된 종교음악들이 해당 종교별로 분산되지 않고, 672 아래에 분류된다. 마찬가지로 조경에 관한 저작도 그 취급방법인 예술이 아닌 농업 아래에 분류된다.[7] 이처럼 KDC는 부분적으로 주제분류적인 성격을 취하고 있다.

(5) 조기성 기호

분류표에서 조기성(mnemonics)이란 분류표를 편찬할 때 동일한 성격의 것은 가능한 한 동일한 기호를 부여하여 기억을 돕도록 하는 것을 의미한다. W. C. Sayers는 조기성을 "분류표의 어딘가에 적용될 때에 가능한 고정된

---

6) 오동근, 배영활, 여지숙. KDC의 이해. 대구: 태일사. 2003. p.31.

7) *Ibid.*, pp.31 - 32.

의미를 갖게 하는 방법으로 기호를 사용하는 것"이라 정의하고 있다. 이러한 조기성의 목적은 분류표의 조직을 단순하고 간결하게 하되 신축성 있게 하여 분류표의 이해 및 기억을 용이하게 하며, 나아가 분류업무와 분류표의 이용을 편리하게 하는 데 있다.

따라서 조기성을 갖도록 하기 위하여 동일한 의미를 지니는 것은 가능한 한 동일한 기호를 사용하게 된다. 예를 들면 710(한국어), 810(한국문학), 031(한국어 백과사전), 051(한국어 연속간행물) 등에서 1은 모두 한국어를 의미한다.

그러나 1이라는 숫자가 반드시 한국을 뜻하는 것은 아니다. 즉 911(한국역사), 310(통계학), 410(수학)에서 1은 한국어가 아닌 다른 의미로 사용되고 있다.

KDC의 조기성기호는 분류표를 편찬할 때, 분류표상에 고정시켜 놓은 방법과 분류자가 자유재량에 의하여 첨가할 수 있는 방법이 있다.

① 분류표상에 고정된 조기성기호

이러한 조기성은 분류표상의 여러 부분에 나타나 있으나 그중에서 일부만을 소개하면 다음과 같다.

㉠ 언어(700)와 총류(030, 040, 050)와의 조기성

언어의 제2위인 강의 배열은 각국어 순서대로 나열되어 있고, 기타 각국어는 790(기타 제국어)에 배열되어 있다. 총류 중에서 030(일반백과사전), 040(강연집, 수필집, 연설문집), 050(일반연속간행물)의 제3위인 목과 언어의 제2위인 강 사이에 상호 조기성을 유지하고 있다.

분류표상 세분되어 있지 않은 039(기타 제국어 백과사전), 049(기타 제국어 강연집, 수필집, 연설문집) 아래에는 "792 – 799와 같이 구분한다"고 지시되어 있으며, 058(기타 제언어 일반 연속간행물) 아래에는 "780 – 799와 같이 구분한다"는 지시가 있다. 이는 언어의 국어구분과 총류의 국어구분이 완전히 조기성을 유지하고 있다는 것을 의미한다. 예를 들면, 러시아어 일반 강연집은 049.928이며, 러시아어 일반 연속간행물은 058.928이 된다. 여기에서 세목 이하의 국어구분이 적용되었음을 알수 있다.

〈표 2-4〉 언어와 총류의 조기성

700 언어	030 백과사전	040 강연집, 수필집, 연설문집	050 일반연속간행물
710 한국어	031 한국어	041 한국어	051 한국어
720 중국어	032 중국어	042 중국어	052 중국어
730 일본어	033 일본어	043 일본어	053 일본어
740 영어	034 영어	044 영어	054 영어
750 독일어	035 독일어	045 독일어	055 독일어
760 프랑스어	036 프랑스어	046 프랑스어	056 프랑스어
770 스페인어 및 포르투갈어	037 스페인어	047 스페인어	057 스페인어
780 이탈리아어	038 이탈리아어	048 이탈리아어	058 기타 제언어
790 기타 제 어	039 기타 제언어	049 기타 제언어	

ⓛ 언어의 국어구분과 문학의 국어구분과의 조기성

700(언어)의 제1차 구분은 각국어, 제2차 구분은 언어공통구분에 의하여 구분되며, 800(문학)의 제1차 구분은 원저에 나타난 언어, 제2차 구분은 문학형식구분, 제3차 구분은 시대에 의하여 세분된다. <표 2-5>와 같이 700 (언어)의 1차 구분과 800(문학)의 1차 구분 사이에 상호 조기성을 유지하고 있다.

〈표 2-5〉 언어와 문학의 조기성

700 언어	800 문학
710 한국어	810 한국문학
720 중국어	820 중국문학
730 일본어	830 일본문학
740 영어	840 영미문학
750 독일어	850 독일문학
760 프랑스어	860 프랑스문학
770 스페인어 및 포르투갈어	870 스페인 및 포르투갈문학
780 이탈리아어	880 이탈리아문학
790 기타 제어	890 기타 제 문학

ⓒ 역사, 지리, 전기와 총류(060, 070)와의 조기성

900(역사)은 제2위가 각 대륙에 따라 구분되어 있으며, 980(지리), 990(전기), 060(일반학회, 단체), 070(신문, 잡지)은 제3위가 대륙에 따라 구분되고 있다. 따라서 역사의 강과 나머지의 목 사이에 상호 조기성을 유지하고 있다.

〈표 2-6〉 역사류, 지리, 전기, 총류의 조기성

역사	지리	전기	일반단체	신문, 저널리즘
910 아시아	981 아시아지리	991 아시아	061 아시아 일반학회, 단체	071 아시아 신문, 저널리즘
920 유럽	982 유럽지리	992 유럽	062 유럽	072 유럽
930 아프리카	983 아프리카지리	993 아프리카	063 아프리카	073 아프리카
940 북아메리카	984 북아메리카지리	994 북아메리카	064 북아메리카	074 북아메리카
950 남아메리카	985 남아메리카지리	995 남아메리카	065 남아메리카	075 남아메리카
960 오세아니아	986 오세아니아지리	996 오세아니아	067 오세아니아	076 오세아니아
970 양극지방	987 양극지리	997 양극	067 양극지방	077 양극지방

② 분류자가 첨가할 수 있는 조기성 기호

분류자가 첨가할 수 있는 조기성 기호에는 전주제구분, 특수주제구분과 8개의 조기표가 있다.

㉠ 전주제구분

특정주제를 분류표의 전 주제의 순서에 따라 세분하는 것을 전주제구분(전분류구분)이라 한다. KDC에서는 세분하여야 할 특정 주제의 분류기호 아래 "001-999와 같이 구분한다"고 지시하고 있다. 예를 들어 서지에서 016.32 경제학서지, 016.911 한국에 의한 연구서목, 주제별전기에서 998.22 고승전, 998.81 한국문학자전기 등과 같이 전개하는 것이 그 예이다.

026.9 전문도서관 및 정보센터
　　　전 주제 분야의 전문도서관은 001 - 999와 같이 구분한다.
　　　예: 법률도서관 026.936 의학도서관 026.951

368 기타 제법(諸法) Other laws and regulations
　　　특수법을 한곳에 모을 필요가 있는 도서관에서는 368 다음에 0
　　　을 부가하고 001 - 999와 같이 주제구분을 할 수 있다.
　　　예: 도서관법 368.002; 정당법 368.0346; 교육법 368.037

　　ⓛ 특수주제구분(특수주제의 공통세목)

　특정주제를 전개할 때 다른 주제에서 이미 전개하고 있는 세목을 적용하여 다시 전개하는 것을 특수주제구분이라 한다. 예를 들어 612.4 - 612.9 기타 종교건물에서는 240 - 290과 같이 주제구분하여 회교사원건물을 612.8로 세분하고 있다.

　　ⓒ 조기표

　KDC에서는 표준구분, 국어구분 등과 같이 형식 또는 구분이 같은 것 등에 대하여 공통된 기호를 배정하여 사용함으로써, 쉽게 분류기호의 조직을 이해하고 기억할 수 있도록 하는 조기표를 마련하고 있다. KDC에서 제시된 조기표의 종류는 표준구분, 지역구분, 시대구분, 국어구분, 언어공통구분, 문학형식구분, 종교공통구분 등 8개가 있다.

▌ 제3장 KDC 제5판의 구성체계와 내용

3.1. KDC 제5판의 구성체계

KDC는 초판과 제2판이 한 권으로 간행되다가 1980년에 출판된 제3판부터 제1권 조기표와 본표, 제2권 상관색인으로 분책되어 간행되었다.

(1) 서문, 서설, 조기표

KDC의 제5판의 제1권 본표는 서문, 각 판의 서문 및 위원회보고, 서설, 조기표, 주류표, 강목표, 요목표, 본표 순으로 구성되어 있다.

먼저 서문에서는 간행 필요성에 대해 언급하고 있다. 다음으로는 분류위원회의 보고로서 각 주제별 담당 분류위원들을 소개하고, 개정작업 과정에 대한 경과를 보고하고 있다. 또한 여기에는 위원회에서 정한 분류법의 개정방침을 다음과 같이 제시하고 있다.

① 분류표의 기본구조(유·강·목)는 제4판을 유지하면서 불합리한 부분을 일부 조정할 수 있다.

② 본표와 상관색인은 한글판으로 하며 동음이의어 및 일부 특수용어는 한자를 ( ) 속에 병기하였다.

③ 각종 조기성 기호도 일부 조정하며 특히 지역구분표는 상세히 세분하

여 전개한다.

④ 중국·일본의 인명·지명 등 고유명사는 원음대로 표기하고 ( ) 속에 한자음을 병기한다. 단 1910년 이전의 중국인명은 우리명으로 표기한다. 이때 적용되는 표기방법은 국어연구원의 외래어 표기법에 따른다.

이어서 초판에서부터 제4판까지 발간된 KDC의 각 판의 서문 및 보고서가 수록되어 있다. 즉 초판의 서, [초판] 분류분과위원회 보고, 사무국 보고(초판을 내면서), 수정판 서, 수정판을 내면서, 수정판재쇄 서, 수정판삼쇄 서, 제3판 서문, [제3판] 분류분과위원회보고, 제4판 서문, [제4판] 분류위원회보고 등이 수록되어 있다.

그 다음으로는 서설로서, 분류법의 해설과 사용법으로 구분된다. 분류법의 서설은 분류표의 조직, 각 조기표와 주에 대한 설명을 다루고 있으며, 실제로 분류표를 사용한 도서기호와 배가 등에 대한 설명인 사용법으로 구분된다.

KDC 제5판의 본표는 조기표와 본표로 구성된다. 조기표는 문헌의 일반적 구성형식이나 특정한 주제 내에서 공통성을 가지는 것에 대하여 공통된 기호를 배당하는 것으로 이를 적용함으로써 전반적인 기호의 조직을 쉽게 이해하고 기억할 수 있도록 마련한 것이다. 제5판에서는 다음과 같은 8개의 조기표가 마련되어 있다.

1. 표준구분표
2. 지역구분표
3. 한국지역구분표
4. 한국시대구분표
5. 국어구분표
6. 문학형식구분표
7. 언어공통구분표
8. 종교공통구분표

조기표 다음에는 본표를 간단하게 전체적으로 살펴볼 수 있는 개요표가 제시되어 있다. 먼저 본표의 학문의 전 주제를 10개의 주제로 구분한 주류를 한눈에 볼 수 있도록 한 주류표, 주류 및 각 주류를 다시 십진으로 세분한 강목으로 구성된 100구분인 강목표, 각 강목을 또 다시 십진으로 구분한 요목까지 수록된 1000구분인 요목표가 있다.

(2) 범 례

본표에 앞서 본표를 보는 데 도움을 주기 위한 범례가 제시되어 있다. 범례에는 본표에 사용된 표기법과 용어, 부호 및 표시 등을 설명하고 있는데, 그 내용을 보면 다음과 같다.

① 한글표기를 우선으로 하고 동음이의어, 일부 전문용어 및 고유명사, 한글만으로는 이해가 곤란한 명사 등에는 ( )에 한자를 병기하였다.

② 외국의 인명, 일반명사 및 기타 외래어의 한글 표기법은 대체로 국립국어원의 외래어표기법에 따랐다.

③ 중국지명, 일본인명 및 지명을 원음대로 표기하고 ( )에 한자를 병기하였다.

④ 외국어 발음에 따라 한글로 표기된 것은 대체로 그 다음에 원어를 부기하였다.

⑤ 전문용어는 각 학회에서 채택한 표준용어를 사용하였다. 그러나 표준용어로 채택되지 못한 것은 영어 발음에 따라 한글로 표기하고 원어를 부기하였다.

⑥ 분류법 본표에는 양서분류의 편의를 도모하기 위하여 자연과학, 기술과학, 역사 및 기타의 많은 항목명을 영어로 부기하였다.

⑦ 연대는 서기로 통일하였다.

⑧ 분류법 본표에서 참조표시는 「 → 」부호를 사용하였다.

⑨ 본표의 간소화를 기하기 위하여 공통적으로 구분 또는 세분할 수 있

는 것은 조기성을 활용하여 분류항목의 전개를 생략한 것이 많다.

⑩ 분류항목(명사)이 타 분류번호로 이치된 것은 다음과 같이 표시하였다.

<예> [410.07] 위상수학

416에 분류한다.

⑪ 분류항목(명사)이 타 분류번호에서 이치된 것은 다음과 같이 표시하였다.

<예> 416 위상수학 [전 410.07]

⑫ 분류항목(명사)이 변경된 것은 구분류항목을 다음과 같이 표시하였다.

<예> 426.33 복사 [전 방사]

본표는 000총류부터 시작해서 999.99 국기, 휘장까지 분류기호의 순서에 따라 수록되어 있다.

(3) 엔트리의 구성요소

KDC 본표의 각 엔트리(entry)는 기본적으로 분류기호 칼럼(number column) 과 표목칼럼(heading column), 주기 칼럼(notes column)으로 구성된다. 기호칼럼에는 분류기호가 있고, 표목칼럼에는 그 분류기호에 해당하는 분류 항목이 기재되어 있다.[8] 표목 칼럼의 분류 항목은 앞에서 살펴본 범례에서 제시된 표기법과 용어로 기재되는데, 일반적으로 주류, 강목, 요목에는 항목명에 영어를 부기하고 있고, 세목의 경우는 필요에 따라 영어를 부기하고 있다. 이 기호칼럼과 표목칼럼은 분류표 내에서의 계층 구조의 위치에 따라 다양한 크기의 활자로 인쇄되어 있다.[9]

---

8) Melvil Dewey, *Dewey Decimal Classification and relative index*, 22nd ed. Dublin, OH: OCLA, 2003, Vol.1. p.xlvi.

9) 오동근, 여지숙. *op.cit.*, p.43.

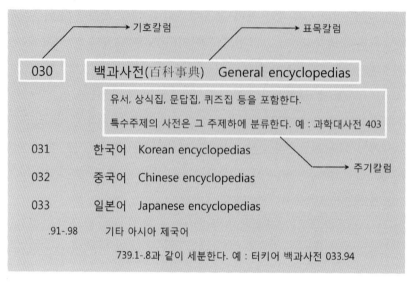

〈그림 3-1〉 엔트리 구조

　기호칼럼에서 본표의 분류 기호 가운데 주류와 강목, 요목을 나타내는 처음 세 자리는 맨 처음에 단 한 번만 표시된다. 다만 페이지가 바뀔 경우 새 페이지의 첫 엔트리는 주류와 강목, 요목 등의 기호를 포함하는 완전한 분류 기호를 표시한다.[10] 보조표의 기호칼럼은 본표의 기호와 구별하기 위해 항상 붙임표(-)를 앞세워 기재한다.

　한편 KDC의 분류 기호는 언제나 최소한 세 자리를 유지하도록 하고 있다. 또한 분류기호가 세 자리가 넘게 되면 세 번째 자리와 네 번째 자리 사이에 소수점을 찍어 구분한다. 또한 본표와 보조표의 기호 가운데는 각괄호([ ])로 묶어 표시하는 경우가 있다. 각괄호는 해당 유가 다른 곳으로 재배치되었거나 더 이상 사용하지 않는 기호의 경우에 부가하게 된다. 따라서 각괄호로 표시된 기호는 제4판에서 사용되었던 기호로, 제5판을 사용할 경우에는 더 이상 부여해서는 안 된다.

　엔트리의 두 번째 요소인 표목칼럼에서 표목으로 사용되는 분류항목은 분류표상에 주제의 계층구조를 나타낼 수 있도록 들여쓰기(indention)를 사용

---

10) Melvil Dewey. op.cit.

하고 있다. 즉 주제가 세분되어 더 하위 주제로 갈수록 오른쪽으로 들이켜 기재된다. 따라서 이러한 인덴션만 보더라도 주제의 종속 관계를 어느 정도 파악할 수 있다.

　엔트리의 마지막 세 번째 구성 요소는 주기칼럼이다. 주기는 모든 엔트리에 제시되는 것이 아니라 분류 항목만을 나열한 분류표로는 정확한 분류를 하기 힘들 경우에 제시된다.[11]

(4) 주기의 종류와 내용

KDC 제5판에서 사용하는 주기의 내용은 다음과 같다.
　① 주요 분류항목에 대한 정의와 간단한 설명을 제시하고, 또 내포된 개념의 범위를 표시하였다.

> 240 도교(道敎)
> 　선도(仙道)를 포함한다.
> 　도서관에 따라 211－218과 같이 세분할 수 있다.
> 　예: 개인신앙생활 244.8
> 　선진 시대의 도가, 노장사상 → 152.22; 단 → 187.5
>
> 950 남아메리카(남미) South America
> 　라틴아메리카, 스페인아메리카, 안데스(Andes)의 종합저작 등을 포함한다.

　② 분류항목에 관련된 주제와 접근된 주제, 잘못 분류할 가능성이 높은 다른 분류기호를 갖는 주제에 대한 안내사항을 주를 통해 표시하였다.

---

11) 오동근, *op. cit.*, pp. 42-43.

151.58 실학파

실학파의 철학, 사상을 이에 분류하고, 타 주제에 대한 저작은 그 주제하에 분류한다. 예: 이익의 성호사설 031

③ 앞으로의 연구를 기다려야 할 세분(細分), 이른바 입석(立席: standing room)의 토픽에 대해서는 소주제까지 상세히 전개하는 것을 피하고 그 대신 이를 주에 열거하였다.

575.773 석유 및 천연가스 From pertroleum and natural gas

석유, 부탄, 펜탄, 프로판과 그 혼합물 등 정제가스, 재질천연 가스, 재질 정제가스, 액화 탄화수소가스 등을 포함한다.

598.15 장애아 양육 Children of handicapped

신체장애, 시각장애, 청각장애, 언어장애, 뇌장애 아동의 양육 등을 포함한다.

④ 고문헌의 분류에 도움이 되도록 하기 위하여 특정서명을 주에 예로서 든 것이 있다.

141.2 주역(周易)(역경 易經)

경씨역전(京氏易傳), 비씨역림(費氏易林), 주역전의(周易傳義) 등과 같은 주소논설, 편장연구 등을 포함한다.

144.3 예기(禮記)

예기음의은(禮記音義隱), 예기정의(禮記定義) 등의 소대연기(小 載禮記)와 단궁(檀弓), 왕제(王制), 월령(月令), 예운(禮運), 방기 (坊記), 심의(深衣), 유행(儒行) 등의 편장연구와 예기(禮記), 찬 산석(天算釋) 등의 전제연구를 포함한다.

⑤ 필요한 곳에서는 역시 분류에 도움이 되도록 인명과 지명을 수록하였다.

> 162.3 19세기 초 - 1860
> 에머슨(Ralph Waklo Eemrson), 멕커쉬(JamesMcCosh), 소로
> (Henry Thoreau) 등을 포함한다.

⑥ 앞의 조기성에서 예시한 각종 조기표를 효과적으로 사용할 수 있도록
그 구분의 전개를 지시하고 예를 들었다.

> 301.09 사회사상사 및 운동사
> 지역구분표에 따라 세분한다.
> 예: 일본운동사상사 301.0913

⑦ 양자택일(兩者擇一)이 있는 분류항목 아래에서는 도서관에 따라 임의
로 택일할 수 있도록 주로 설명하였다.

> ㉠ 989 지도 및 지도책
> 지구의 및 지리모형, 세계지도, 동반구 및 서반구도 등을 포
> 함한다.지역구 분표에 따라 세분한다. 예: 아시아지도 989.1
> 도서관에 따라 지도는 989 대신에 M을 분류기호 앞에 붙
> 여서 사용할 수 있다. 예: 아시아지도 M981
> 특수주제의 지도 및 지도책은 그 주제하에 분류한다. 예:
> 역사지도 902.89
> ㉡ 990 전기
> 도서관에 따라 개인전기는 99 또는 B 등으로 간략하게
> 분류할 수 있다.

ⓒ 998 주제별 전기

주제와 관련을 갖는 각전 및 총전을 포함한다.

100 – 990과 같이 주제구분(강 이상)을 한다. 예: 이광수전기 998.22 최남선전기 998.9

주제별 전기는 990아래에 전기서를 일관 집중시키려는 도서관에 한하여 사용한다.

주제별 전기는 예컨대 철학가, 종교가, 예술가, 문학가 등과 같이 그 인물과 주제가 밀접한 관련을 갖고 있으므로, 일반적으로는 그 관련 주제하에 분류하는 것을 추천한다. 예: 이광수전기 810.099 고승의 전기 220.99

ⓓ 016 주제별 서목

주제에 의해 배열된 서목, 단일주제의 서목을 포함한다.

000 – 999와 같이 구분한다. 예: 정치서목 016.34

도서관에 따라 주제별 서목을 각 주제하에 분류할 수도 있다.

예: 법률서목 360.26

⑧ 분류에서 참조가 필요한 항목에서는 주의 끝에 참조표시를 열거하였다.

989 지도 및 지도책

지구의 및 지리모형, 세계지도, 동반구 및 서반구도 등을 포함한다.

지역구 분표에 따라 세분한다. 예: 아시아지도 989.1

특수주제의 지도 및 지도책은 그 주제하에 분류한다. 예: 역사지도 902.89지도제작법 → 446.8; 측지학 → 446

> 980.2 명승안내, 여행
>
> 특정한 지역의 명승안내, 여행은 그 지역에 분류한다.
>
> 예: 아시아기행 981.02 한국여행기 981.102; 일본명승지안내
> 981.302
>
> 교통 → 326.3, 관광 → 326.39

(5) 상관색인

KDC 제5판의 제2권은 상관색인만으로 구성되어 있다.

상관색인은 본표의 분류항목과 주(註)의 설명어, 동의어, 유사어, 그리고 본표에 설치되어 있지 않은 주요 항목들을 가나다순으로 배열하고 끝에 해당 분류번호를 붙인 것이다. KDC의 상관색인은 특정 주제와 관련된 모든 주제의 명사와 그 주제를 도치 형식으로 표현한 명사를 가나다순으로 배열하여 특정 주제의 분류위치, 항목의 관련성과 하위 관계, 다른 입장에서 본 분류기호를 한곳에 전부 제시하였기 때문에 분류항목과 중요한 주를 정확하게 찾을 수 있도록 되어 있다.[12] 상관색인은 분산된 관련 항목, 즉 분류표 전체에 걸쳐 각 학문 분야로 분산되어 있는 동일한 주제에 관한 서로 다른 관점들을 함께 모아주는 기능을 하게 된다. 가나다순으로 배열한 표목의 바로 옆에는 그 표목에 해당하는 분류기호가 제시된다.

---

12) 한국도서관협회 한국십진분류법해설편집위원회 편. *op.cit.*, p.13.

<표 3-1> KDC의 상관색인 예

도서관/공립	026.3
도서관/교육기관	027.9
도서관/국립	026.1
도서관/기타 교육기관	027.9
도서관/보존	021.2
도서관/사립	026.3
....	
유럽(역사)	920
유럽(전기)	992
유럽(지리)	982

상관색인표를 통해 분류항목을 찾아가는 예를 들어보면, 교육기관 도서관을 찾고자 할 때, 「도서관」아래 가나다순으로 내려감으로써 「도서관/교육기관」을 찾을 수 있으며, 또 교육기관도서관을 직접 찾아도 027.9라는 분류기호를 알 수 있다. 이와 같이 색인을 이용함으로써 실무경험이 비교적 적은 초보 사서들도 어느 정도 정확한 분류를 할 수 있으며 분류의 통일성을 기할 수 있다.

상관색인의 범례를 살펴보면 다음과 같다.
① 이 상관색인은 본표의 분류항목, 주(註)의 설명서 및 예 등 전 주제어를 가나다순에 따라 배열하였다.
② 중국지명, 일본지명과 인명은 우리 음과 원음대로 읽어 각각 배열하였다.
③ 동음이의어의 경우에는 ( )에 한자를 병기하였다.
④ 동일발음은 그 한정어의 순서로 배열하였다.
⑤ 외국의 인명, 지명, 서명, 일반명사 및 외래어의 한글 표기법은 본표 범례를 참조하기 바란다.
⑥ 색인의 각 항목은 전부 한 행(行)으로 작성하였다.
⑦ 항목만으로 분명히 알 수 없는 경우나 동일 항목이 둘 이상 있는 경우에는 그 상위 항목을 원괄호로 묶어 부기하였다.

⑧ 도치항목은 항목 다음에 사선(/)을 그어서 나타내었다.

    <예> 심리학/교육 370.18

⑨ 어학, 문학, 종교 등에서 공통적으로 구분할 수 있는 항목에는 아래
    예와 같이 △를 사용하였다.

    <예> 희곡 8△2

           언어사전 7△3

           경전, 성전 2△3

⑩ 양자택일할 수 있는 분류기호는 역사선(\ )으로 표시하였다.

    <예> 사찰법 226.23 \ 368.022

한편 색인을 이용할 때는 색인에만 의존하여 분류기호를 부여해서는 안
된다는 사실에 유의해야 한다. 즉 색인을 통해 분류기호를 찾은 후에 반드
시 본표에서 이를 대조·확인하여야 하며, 만일 본표에서 해당 주제의 분류
기호를 찾은 경우에는 정확한 분류를 위해 색인과 대조·검토한 후에 분류
기호를 결정해야 한다. 이러한 점 때문에 색인은 분류의 초보자뿐만 아니라
전문가도 반드시 이용해야 하며 또한 도서관 이용자도 서가에서 도서를 찾
을 때나 목록을 이용할 때, 색인을 통해 분류번호를 확인하는 것이 편리하다.

3.2. KDC의 사용법

(1) 표의 선정

초, 중, 고등학교와 같이 장서수가 적은 소도서관용으로는 요목표를 사용
할 수도 있을 것이다. 초창기에는 강목표로도 충분할지 모르나, 표의 선정은
앞으로 10년 또는 20년 후에 증가될 장서수를 예상하고, 이를 표준으로 삼
아야 한다. 만일 그러한 계획 없이 현재의 장서수를 토대로 한다면, 머지않

은 장래에 필연적으로 재분류를 하지 않으면 안 될 것이다. 이러한 입장에서 보면 중도서관용의 분류표로서는 본표를 채택하는 것이 바람직할 것이다. 그러나 이 경우는 본표를 그대로 다 사용할 필요는 없을 것이다. 예를 들어 911.04 고려사와 같은 특수한 경우의 분류기호를 제외하고는 대체로 1000단위의 세목까지 사용하면 충분할 것이다. KDC는 각종 도서관에서 사용하기 위한 일반 분류표이므로 큰 도서관이라 하더라도, 예를 들어 360 법학, 500 기술과학에 있어서와 같은 세분전개가 별로 필요하지 않은 경우에는 긴 번호를 다 쓰지 않고 의미가 손상되지 않는 범위 내에서 적당한 곳에서 기호를 생략하여 사용할 수도 있다.

(2) 기초지식

문헌의 분류업무를 담당하는 사서는 그 업무를 효과적으로 수행하기 위해 다음과 같은 기초지식을 갖출 필요가 있다.

① 분류표의 조직에 정통해야 한다.

본표와 조기표의 조직체계와 범위, 관련된 항목 간의 상이점, 나열된 주제 간의 우선순위 등을 잘 이해하고, 조기성의 활용을 정확히 파악해야 한다. 가능하면 강목표까지는 기억하고 있어야 하며, 요목표는 기호에 의해서 주제 또는 주제에 의해서 기호를 곧 생각해 낼 수 있도록 경험을 쌓아야 한다.

② 상관색인의 이용법을 숙지해야 한다.

분류표의 전반에 걸친 체계와 구조에 대하여 익숙하지 못한 사서는 우선 상관색인을 통해 본표와 보조표의 해당 기호를 찾아가게 된다. 분류업무에 경험이 있는 사서로서 직접 본표를 이용하여 분류기호를 찾아내는 경우에도 기호를 정확하게 부여하기 위해서는 필요할 경우에 해당 기호를 색인과 대조하여 확인해야 한다. 상관색인은 특정주제의 분류위치는 물론, 항목의 관련성과 하위관계, 관점의 차이점을 두루 보여주고 있기 때문에, 이를 잘 활용한다면 본표의 일부만을 이용하는 경우보다도 더 정확하게 분류기호를 부여할 수 있을 것이다. 다만 유의할 점은 상관색인에서 분류하고자 하는 주제에 적합해 보이는 기호를 찾아냈다고 하더라도, 반드시 본표에서 그 기호가 적합한지의 여부를 확인해야 한다는 사실이다. 왜냐하면 분류업무를 수행하기 위해 최종적으로 근거해야 할 부분은 바로 본표이기 때문이다.

③ 문헌의 내용을 정확히 파악해야 한다.

분류업무를 제대로 수행하기 위해서는 저자가 무엇을 어떤 관점에서 저술하였는가, 다시 말하면 그 문헌의 주제가 무엇인가에 대한 판단을 내려야만 할 것이다. 문헌의 주제를 파악하는 첫 단계로서 우선 서명을 확인해야 한다.

④ 문헌분류에 관한 일반적인 규칙과 규정을 명확하게 이해해야 한다.

1장에서 살펴본 바와 같이 문헌분류에 일반적으로 적용되는 규칙과 규정들을 명확하게 이해함으로써, 일관되게 분류작업을 수행해야 한다.

(3) 도서기호

도서기호는 정확한 배가위치를 결정하기 위해 동일한 분류기호 내에서 2차구분을 통하여 개개의 도서에 붙이는 기호로, 도서관의 관종과 열람방식, 분류의 정밀도 등을 고려하여 결정한다. 도서기호를 배정하는 방법에는 여러 가지가 있다. 숫자만을 사용하여 수입순 또는 간행연대순으로 배정하는 방법과 성(姓)의 머리글자 또는 성명 3자의 문자를 사용하는 저자순 배열법이 있다. 이것들은 순수한 기호로 구성된 도서기호인 것이다. 또 성의 머리글자와 이름 또는 성을 표시하는 숫자를 결합하여 사용하는 혼합기호법이 있다.

장서가 적은 도서관에서는 저자 성의 머리글자만을 사용하거나 또는 성의 머리글자에다 이름 또는 성을 표시하는 숫자 중 첫 자를 붙여 간단하게 사용할 수도 있을 것이다. 그러나 현재 일반도서관에서는 비교적 정밀한 저자기호와 저작기호를 결합하여 사용하고 있는 것이 일반적인 경향이다. 따라서 이와 같은 상세한 저자기호를 포함한 각각의 도서기호를 부여하기 위해서는 별도의 도서기호표 또는 저자기호표를 참조해야 한다.

(4) 문자의 사용

KDC는 아라비아숫자를 사용하는 십진법으로 구성되어 있다. 그러나 필요할 경우 도서관에 따라 다음과 같이 기호 대신 문자를 사용하거나 또는 문자를 보충적으로 사용할 수 있다.

첫째, 분류기호를 문자로 대치하여 사용할 수 있는데, 그 예로 920 전기를 B로, 813, 823, 833 등의 각국 소설을 F, 아동소설을 J(도서관에 따라서는 아동소설을 JF, 아동그림책을 JE로 표시할 수도 있음)로 하는 것 등을 들 수 있다.

둘째, 자료를 특별한 장소에 배가하거나 자료의 특수한 형태를 표시하기 위하여 별도의 문자를 분류기호의 앞이나 위에 덧붙여 사용한다. 이러한 기호는 통상 별치기호라 한다. 예를 들어 참고도서에 대하여 R자를 분류기호의 앞이나 위에 붙여 R713 또는 R / 713과 같이 하는 것을 들 수 있다. 이와 같은 방법으로 아동도서는 J, 연속간행물은 P, 동장서(東裝書)는 D(Dong Jang) 또는 K(Koso), 대형도서는 F(Folio) 또는 E(Extra large), 지도는 M(도서관에 따라서 악보를 M으로 사용하기도 함)을 분류기호에 붙여 사용한다.

셋째, 동일한 분류기호 내에 있는 개개의 도서를 저자 그리고 서명의 가나다순 또는 알파벳순으로 배가하기 위하여 주어지는 도서기호로 문자를 사용할 수도 있다.

(5) 도서의 배가

정리가 완료된 자료는 분류기호와 도서기호의 순서에 따라 서가의 첫 칸 상단 좌측부터 우측을 향하여 배열되며, 첫 단이 끝나면 다음 단 그리고 다음 칸으로 연달아 배열된다. 그리고 오늘날의 도서배가는 수입순에 의한 서가중심의 고정식 배가가 아니라, 자료 내용의 상관관계에 따라 배열하여 동일한 분류기호와 도서기호를 갖는 저작이 언제라도 한곳에 모일 수 있도록 자료를 중심으로 하는 이동식 배가 또는 상관식 배가를 채택하는 것이 일반적인 경향이다. 이와 같은 방법의 도서배가는 분류체계와 일치되는 것으로, 자료의 계속적인 증가에 대비하기 위해서는 서가에 적당한 여유 공간을 마련해 두는 것이 바람직하다.

한편 도서관에 따라 이용의 편의를 위해서는 이러한 체계적인 배열을 벗어나 가장 많이 이용되는 도서를 대출대 가까이에 배열할 수도 있고, 또 300 사회과학과 900 역사를 접근하여 배열할 수도 있을 것이다.

제2부

조기표

▌제4장 표준구분표

4.1. 표준구분표의 정의 및 특성

표준구분은 어떤 주제를 그 표현형식이나 자료의 물리적 형식, 체계 등에 따라 함께 모으고, 표를 간소화하여, 이용을 편리하게 하고자 마련된 것이다. 주로 각 주제에 공통된 총류의 제 요소를 세분한 기호로써 한 주제를 표현하는 형식의 기호에 사용된다. 예를 들면 철학사전은 철학이 주제이고, 사전은 그것을 표현하는 형식이며, 이를 기호화하면 100(철학)＋－03(사전)＝103(철학사전)이 된다.

표준구분은 도서관의 필요에 따라 어느 주제에 대해서나 해당 분류기호 다음에 붙여 사용할 수 있다. 그러나 단독으로 사용되거나 주된 번호로 사용될 수 없다.

표준구분은 서술형식(01, 07, 09)과 편집·출판형식(02, 03, 04, 05, 06, 08)으로 구분할 수 있다. 전자의 경우는 철학, 이론, 연구 및 지도, 역사와 같이 저작의 취급형식으로 구분되며, 후자의 경우는 편람, 사전, 연속간행물, 총서, 전집 등 도서의 편집 및 출판형식으로 구분된다. 표준구분표의 개요는 <표 4－1>과 같다.

〈표 4-1〉 표준구분표의 개요

-01 철학 및 이론	-074 기술, 기기, 기구, 비품
-0109 학사, 학설사, 사상사	-076 교과서 및 문제집
-012 분류론	-077 각종 시험, 면허증
-02 잡저	-079 포상, 상품, 상장
-021 편람, 핸드북, 포켓북	-08 총서, 전집, 선집
-022 스크랩북, 클리핑 등	-081 개인전집, 총서, 선집
-023 법령 및 규정	-082 2인 이상의 전집, 총서, 선집
-024 시청각자료	-09 역사 및 지역구분
-025 제표, 사물목록, 도보, 도감	-0901 원시시대(1 BC까지)
-026 서지, 도서목록, 초록, 색인, 해제	-0902 고대(1 - 499)
-027 보조기법 및 절차	-0903 중세(500 - 1499)
-028 주소성명록(디렉토리), 인명록	-0904 근세(1500 -)
-029 특허, 규격, 상표	-0905 20세기(1900 - 1999)
-03 사전(辭典), 사전(事典), 인용어사전, 약어집	-0906 21세기(2000 - 2099)
-034 용어집, 용어연구, 술어, 명명법, 약어집	-091 ~ -097 특수대륙, 국가, 지방구분
-04 강연집, 수필집, 연설문집	-098 일반지대, 지방, 해양구분
-05 연속간행물	-0981 한대지방
-06 학회, 단체, 협회, 기관, 회의	-0982 온대지방
-069 박물관 및 상설전시장	-0983 열대지방
-0691 ~ -0697 박물관사 및 지역구분	-0984 산악지방
-07 지도법, 연구법 및 교육, 교육자료	-0985 사막지방
-071 교육 양성기관(강습회, 연구집회)	-0988 해양
-072 지도법	-0989 기타
-073 연구방법론	-099 전기

표준구분의 상당부분은 <표 4-2>에서 알수 있듯이 총류의 강목과 조기성을 갖도록 하고 있다. 표준구분의 조기성은 오른쪽 원괄호 내의 분류기호 및 명사와 관련되어 있으며, 다만 02만이 조기성이 없다. 그러나 02에는 편람, 제표, 서지 등 참고자료만을 분류하게 되어 있으나 03 사전(辭典), 사전(事典)의 참고자료와 인접하여 이용상 매우 편리할 것이다.

<table>
<tr><td colspan="2" align="center">〈표 4-2〉 표준구분표와 총류의 조기성</td></tr>
</table>

-01 철학 및 이론	(100) 철학
-02 잡저	
-03 사전(辭典), 사전(事典), 인용어사전, 약어집	(030) 백과사전
-04 강연집, 수필집, 연설문집	(040) 강연집, 수필집, 연설문집
-05 연속간행물	(050) 일반 연속간행물
-06 학회, 단체, 협회, 기관, 회의	(060) 일반학회, 단체, 협회, 기관
-07 지도법, 연구법 및 교육, 교육자료	(370) 교육학
-08 총서, 전집, 선집	(080) 일반 전집, 총서
-09 역사 및 지역구분	(900) 역사

표준구분 기호의 정의 및 용법에 대해 상세하게 살펴보면 다음과 같다.

-01 철학 및 이론

개론, 법칙, 원론, 입문서, 통론, 학설 등 어떤 저작의 주제를 이론적, 철학적, 심리적 입장에서 다룬 저작에 부여하는 기호이다. 또한 한 저작의 비평과 이론, 원리 및 기법 등도 여기에 포함된다. 그러나 비평 그 자체는 '비평된' 저작과 함께 분류한다.

> 의학의 철학 및 이론 510.1
>
> 과학의 철학 및 이론 401
>
> 역사철학 및 이론 901
>
> 사회과학 이론 300.1
>
> 언어 철학 701.01

-02 잡저(편람, 서지, 제표)

주제를 간단하고 얕게 포괄적으로 다룬 저작이나 유머러스하게 다룬 저작 및 시청각적으로 다룬 저작 등에 부여하는 기호이다. 다음과 같이 세분하여 사용할 수 있다.

-021 편람, 핸드북, 포켓북

특정집단을 위한 전문직, 직업, 취미로서의 주제와 전문적인 정보(직업보도, 직업선택, 취업기회 등) 등을 다룬 저작에 부여하는 기호이다.

도서관학 편람	020.21

-022 스크랩북, 클리핑 등

-023 법령 및 규정
일반도서관에서는 361-367 이외의 각종 법령 및 규정을 다룬 저작은 그 주제 아래 분류하고 필요에 따라 023을 첨가한다.

교통법	326.3023
전기통신관계법규	567.023
교육관계법령집	370.23

-024 시청각자료
사진 및 관련 자료(그림, 삽도, 스케치 등), 지도 및 관련 형태자료(계획도, 다이어그램 등)와 작게 만든 공예품(모형, 미니어처 등) 등에 부여하는 기호이다.

-025 제표, 사물목록, 도보, 도감
일람표, 도표, 통계표, 연표, 거래목록 등을 다룬 저작에 부여하는 기호이다.

-026 서지, 도서목록, 초록, 색인, 해제
특수주제에 한정된 서지, 도서목록, 초록, 색인, 해제 등은 그 주제 아래 분류하고 이 기호를 부여한다.

경제학 서지	320.26
의학장서목록	510.26

도서관에 따라 016(주제별서목)에 분류하고, 000－999와 같이 전주제구분을 한다.

경제학 서지	016.32
의학 장서목록	016.51

－027 보조기법 및 절차

데이터 처리 및 컴퓨터 응용 등을 다룬 저작에 부여하는 기호이다.

－029 특허, 규격, 상표

소유권 및 작품권 표시 등을 다룬 저작에 부여하는 기호이다.

－03 사전(辭典), 사전(事典), 인용어사전

용어의 의미, 한 주제의 사항 설명을 한 저작, 인용어 또는 약어집, 명명법 등으로서 가나다순이나 자획순으로 된 사전(辭典), 사전(事典) 또는 백과사전에 부여하는 기호이다. －034 용어집, 용어연구, 술어, 명명법, 약어집으로 세분하여 사용할 수도 있다.

교육관계용어집	370.34

－04 강연집, 수필집, 연설문집.

한 사람 또는 두 사람 이상이 쓴 강연집이나 수필집, 연설문집으로서 그들 각개(各個)가 독립적이며, 그들 간에 관계가 약하거나 전연 없는 것들을 모은 저작에 부여하는 기호이다.

그러나 '04'를 부여할 수 있는 저작이라도 권차기호가 있고, 2권 이상으로 이루어져 있고, 종간 예정이 있는 것으로 종합서명이 있는 것은 총서전집으로 -08을 부가한다. 그리고 연속적으로 간행되는 논문집은 -05를 부가한다.

이승만대통령연설집	041
종교수필집	200.4
경제강연집	320.4

-05 연속간행물

권, 호, 회수 또는 연차를 따라서 발행되는 신문, 잡지, 보고, 논문집, 기요(紀要) 등 연속적으로 간행되는 저작에 부여하는 기호이다. 간행빈도가 정기적 또는 비정기적이든지 지속적으로 권, 호, 회수, 연, 연차에 따라 발행되는 경우에 부여하는 기호이다.

여러 명의 논문을 하나의 도서 형태로 편집하였을 경우에도 -04 기호를 첨가해 분류기호를 배정해 줄 수 있다. 그러나 상하권 또는 갑을병정의 순서로 발행된 논문이라도 종간의 예정이 있으면서 동시 종합서명이 있는 경우에는 이들을 총서로 간주하여 -08 기호를 부여하게 되며, 종간예정이 없는 경우에는 연속간행물로 취급하여 -05 기호를 부여해야 한다.

-059 연감, 통계연감, 연보, 역(曆)

한 특수 주제의 연감, 연보에 이 기호를 부여하되, 그것이 지역에 관한 것은 지역구분표에 따라 세분한다.

교통연감	326.3059
한국교통연감	326.305911
한국연감	059.1

-06 학회, 단체, 협회, 기관, 회의

사설·공립기관의 행정사무, 회의사항을 기록한 보고, 회의록, 사업보고, 회의명부나 임원명부가 들어 있는 의사록, 공보, 일시적인 회보, 주소록, 회원명단 및 인명록 등이 그 주제가 확실한 경우, 그 주제의 분류기호 아래에 06 기호를 부여한다.

그러나 위에서 말한 특징이 나타나지 않고, 그 단체나 학회에 관한 상황보고 또는 역사보다도 그 주제에 대해서 논한 논문집 혹은 이와 유사한 것들은 설사 '……학회보고', '……회보' 등의 서명이 있더라도 -06을 부여하지 않고, 단행본이나 연속간행물 총서 등으로 취급하여 -04, -05, -08 등 적당한 기호를 부여한다.

한국제헌의회 회의록	362.1106
법률학회	360.06
한국역사학회 보고서	911.006
한국심리학회 의사록	180.6

-069 박물관 및 상설전시장

박물관 및 상설전시장의 역사 활동 및 봉사 등을 다룬 저작에 부여한다.

-0691~-0697 박물관사 및 지역구분

지역구분표에 따라 세분한다. 예를 들어 한국박물관 및 전시장은 -06911이 된다.

-07 지도법, 연구법 및 교육, 교육자료

한 주제의 연구법(how to study)과 교수법(how to teach)을 다룬 저작 및 교육자료에 부여하는 기호이다.

서명에 '……에 관한 연구', '……지도'라고 명시되어 있어도, 그 주제의 학습법, 연구방법, 교수방법에 관한 저작이 아니면 -07을 부여해서는 안 된다. '정치학 연구', '농업연구'라는 서명이라도 그 주제의 연구의 결실 또는 논문이거나 잡지, 총서일 때가 많다. 이런 경우를 잘 고려해서 -01, -05, -08 등 적당한 표준구분을 부여해야 한다.

독어교수법	750.7
사회집단에 관한 연구방법	331.207
사회변동에 관한 연구	331.2

-071 교육 · 양성기관(강습회, 연구집회)
교육기관자체에 관한 저작에 부여하는 기호이다.

-072 지도법
각 과 교수법을 포함한다.

-073 연구방법론
역사적, 기술적, 실험적 연구 및 시스템 연구를 포함한다.

-074 기술, 기기, 기구, 비품
연구 및 교육자료에서의 기기 기구 및 실험시설의 용법을 포함한다.

-076 교과서 및 문제집
자습서, 문제집, 해답집, 수험참고서 등을 포함한다. 전문대학과 대학교를 제외한 초 · 중 · 고등학교의 교과서 등에 부여한다.

-077 각종 시험, 면허증
국가고시, 공개시험, 기능심사, 증서(졸업증서, 자격증서) 등을 포함한다.

-079 포상, 상품, 상장

장학금, 후원금, 보조금, 명예직, 수상 등을 포함한다.

-08 총서, 전집, 선집

총서나 전집은 개인저자나 편자 혹은 출판사에 의해 종합서명(총서명)으로 일정한 기획에 따라 일정한 인쇄, 장정, 체제, 편집형식으로 간행되는 저작으로서 각 도서의 권, 호 순서와 종간의 권, 호가 뚜렷이 나타나 있다. 총서가 특정주제에 한정되어 있을 경우에는 그 주제의 분류기호 다음에 -08을 부가하여 총서, 전집임을 나타낸다. 그러나 주제가 다양한 총서나 전집인 경우에는 총류 내의 080에 분류한다.

총서, 선집 등의 말이 서명에 부가되어 있다 할지라도 -08을 부여할 수 없는 것이 있다. 종간 예정이 없이 연속적으로 나오는 것은 -05를 주어야 할 경우가 있으며, 총서 등의 각 권이 주제대로 분산되어 단행본으로 취급해야 할 경우도 있다. 또 도서관에서 총서 전권을 전부 구입하지 못하고, 그 가운데 몇 권만을 구입하고, 앞으로 더 구입할 가능성이 없는 것은 총서로 취급할 수 있다.

총서나 전집을 개인의 저작물과 2인 이상의 저작물로 구별하여 세분하고자 할 때는 각각 -081(한 개인의 전집), -082(2인 이상의 총서)를 부여하여 저자의 복수를 판단할 수 있게 한다.

삼성문고(총서)	080
논리학총서	170.8
셰익스피어 전집	842.08 또는 842.081
한국 문학전집	810.8 또는 810.82

-09 역사 및 지역구분

한 주제가 역사와 지역에 의해서 한정될 경우, 주제의 분류기호 아래에 09를 부여한다.

음악사	670.9
한자의 서체역사	641.09
아시아 건축사	610.91
서양 건축사	610.92

-091~-097 특수대륙, 국가, 지방구분

한 주제의 역사, 연혁, 사화, 사료, 사담, 사정, 상황 등을 다룬 저작으로서 그 주제기호 아래 그 지역표시를 해야 할 경우 지역구분표에 따라 세분한다.

-098 일반지대, 지방, 해양구분

한대지방(-0981), 온대지방(-0982), 열대지방(-0983), 산악지방(-0984), 사막지방(-0985) 등으로 세분하여 사용할 수 있다.

-0988 해양

지역구분표 81-88과 같이 세분한다. 예를 들어 태평양은 -09881이 된다.

-0989 기타

-099 전기(傳記)

전기적 성격의 인명록을 포함한다. 도서관에 따라 999 아래 분류할 수도 있다. 전기를 역사류 아래의 990에 집중시키지 않고 피전자(彼傳者)가 공헌한 주제 아래 분류하는 경우, 그 주제기호에 추가한다.

전기를 그 주제 아래 분류하는 것은 전문도서관의 경우 이용에 편리하다. 문학가, 철학자, 음악가 등은 주제 아래 분류하는 것이 좋다. 이들의 생애는 그들이 헌신한 주제와 밀접한 관련이 있기 때문이다.

철학자전기	109.9
정치가 전기	340.99

4.2. 표준구분표의 적용법

(1) 표준구분을 각 주제의 분류기호에 적용할 때는 원칙적으로 '0'을 동반하여 사용한다. 즉 주제를 나타내는 분류기호에 표준구분을 첨가할 때는 주제의 분류기호와 표준구분의 기호 사이에 언제나 '0'을 동반하게 된다.

(예) 사회과학사전
　　　→ 300(사회과학)＋(－03)(사전)＝303
　　　헌법사전
　　　→ 362(헌법)＋(－03)(사전)＝362.03

(2) 표준구분을 각 주제의 분류기호에 붙일 때에는 '0'의 사용에 유의해야 한다. 형식적으로 부여된 주류의 강목의 '0'은 표준구분을 붙일 때는 원칙적으로 삭제해야 한다. 다만 '0'을 삭제한 기호가 이미 다른 주제를 나타내는 기호로 사용되고 있을 경우에는 기호의 중복을 막기 위해 이를 삭제하지 않고 그대로 부여해야 한다.

(예) 철학사전 → 100(철학)＋(－03)(사전)＝103 (100.03 아님)
　　　교육사 → 370(교육학)＋(－09)(역사 및 지역구분)＝370.9 (370.09 아님)

(3) 요목이나 세목의 경우에는 원칙적으로 해당 주제의 기호에 표준구분의 기호를 추가하게 되지만, 이 경우에도 합성된 기호가 이미 다른 주제를 나타내는 기호로 사용되고 있으면 기호의 중복을 막기 위해 '0'을 하나 더 추가해야 한다.

(예) 행정학 원론→ 350(행정학)＋ －01(철학 및 이론)＝350.01 (350.1 아님)

또한 '00'이 이미 다른 의미로 주제기호와 함께 쓰인 경우에는 '0'을 하나 더 추가하여 '0001 – 009'와 같이 표준구분을 한다.

(예) 한국역사편람→911(한국사)＋00(패싯지시기호)＋ –021(편람) ＝911.00021

따라서 특정주제의 기호에 표준구분을 추가할 때는 반드시 본표의 전개를 확인하여 합성된 기호가 기존에 분류표에 전개된 분류기호와 중복되는지의 여부를 확인하고 이를 부여해야 한다.

(3) 일반적으로 표준구분표는 본표의 거의 모든 기호에 적용할 수 있다. 그러나 해당 기호가 이미 표준구분표의 의미를 함축하고 있는 경우에는 적용되지 않는다.

(예) 불어사전 → 700(언어류)＋6(불어: 국어구분 적용)＋3(사전: 언어공통 기호표 적용)＝763 (763.03 아님)

한국사 → 900(역사류)＋1(아시아: 지역구분 적용)＋1(한국: 지역구분 적용)＝911 (911.09 아님)

(4) 표준구분표는 분류하고자 하는 문헌이 해당 분류 기호가 나타내는 주제 전체 또는 그 전체에 상당하는 부분을 다루고 있을 경우에만 추가해야 한다.

701.8 고어, 방언학
    언어지리학을 포함한다.
        (예) 언어지리학사전 → 701.8 (701.803 아님. '언어지리학은 고어, 방언학에 포함될 뿐 자체의 분류기호가 없음)

(5) 2개의 표준구분 형식이 있는 경우, 서술형식을 편집 또는 출판형식보

다 우선하여 하나만 적용한다. 이 규정은 주제가 형식보다 우선한다는 분류규정과 같은 맥락으로 이해할 수 있다.

(예) 수학교육저널 → 410(수학)＋－07(교육)＝410.7
    (저널 －05를 우선적으로 적용하지 않음)

(예) 경제학사 논문집 → 320(경제학)－0＋－09(역사)＝320.9
    (논문집 －05를 우선적으로 적용하지 않음)

(예) 정치철학사전 → 340(정치학)＋－01(철학)＝340.1 or 340.103
    (사전 －03을 우선적으로 적용하지 않음)

▌ 제5장 지역구분표 · 한국지역구분표

5.1. 지역구분표 · 한국지역구분표의 정의 및 특성

　지역구분은 분류의 대상이 되는 문헌의 주제가 특정국가나 특정 지역에
한정되어 다루어졌을 경우, 그 특정 지역을 나타내기 위해 사용되는 기호를
말한다. 지역구분은 먼저 해당주제의 분류기호를 부여하고, 다음에 그 특정
국가나 지역을 나타내는 지역기호를 부가하는 형식을 취한다. 지역구분표의
개요는 다음 <표 5-1>과 같다.

〈표 5-1〉지역구분표의 개요

-1 아시아	-42 미국
-11 한국	-43 멕시코
-12 중국	-44 중앙아메리카
-13 일본	-45 과테말라
-14 동남아시아	-46 온두라스
-15 6 중앙아시아	-47 니카라과
-17 시베리아	-48 타리카
-18 서남아시아, 근동(중동)	-49 서인도제도
-19 아라비아반도	-5 남아메리카
-2 유럽	-51 콜롬비아
-21 그리스	-52 베네수엘라
-22 고대 로마	-53 브라질
-23 24 영국	-54 에콰도르
-25 독일	-55 페루
-26 프랑스	-56 볼리비아
-27 스페인	-57 파라과이
	-58 아르헨티나

-28 이탈리아	-59 칠레
-29 러시아	-6 오세아니아
-3 아프리카	-62 오스트레일리아(호주)
-31 북아프리카	-63 뉴질랜드
-32 이집트	-64 파푸아뉴기니
-33 바바리제국	-65 멜라네시아
-34 서아프리카	-66 미크로네시아
-36 중아프리카	-67 폴리네시아
-37 동아프리카	-68 하와이제도
-38 남아프리카	-69 대서양제도
-39 남인도양제도	-7 양극지방
-4 북아메리카	-71 북극지방
-41 캐나다	-73 그린란드
	-79 남극지방

지역구분표의 -1 ~ -7 기호는 대륙별 구분을 나타내며, -8 기호는 오대양을 나타낸다. 지역구분표의 두 번째 자리 기호는 국가적 구분을 나타낸다.

(예) -11 → 1(아시아: 대륙별 구분) + 1(한국: 국가적 구분)

910 - 979에 전개된 지역구분이 조기표로 별도 제시된 지역구분표의 기준이 된다. 따라서 <표 5 - 2>와 같이 역사류와 지역구분표는 조기성을 갖는다. 그리고 지리(980)와 전기(990), 060(일반학회, 단체, 기관, 협회), 070(언론 및 신문)의 세목도 지역구분표와 조기성을 갖는다.

〈표 5 - 2〉 지역구분표와 역사, 지리, 전기, 총류의 조기성

지역구분표	역사	지리	전기	일반단체	언론 및 신문
-1 아시아	910 아시아	981 아시아지리	991 아시아	061 아시아 일반 학회, 단체	071 아시아 신문, 저널리즘
-2 유럽	920 유럽	982 유럽지리	992 유럽	062 유럽	072 유럽
-3 아프리카	930 아프리카	983 아프리카지리	993 아프리카	063 아프리카	073 아프리카
-4 북아메리카	940 북아메리카	984 북아메리카지리	994 북아메리카	064 북아메리카	074 북아메리카
-5 남아메리카	950 남아메리카	985 남아메리카지리	995 남아메리카	065 남아메리카	075 남아메리카
-6 오세아니아	960 오세아니아	986 오세아니아지리	996 오세아니아	067 오세아니아	076 오세아니아
-7 양극지방	970 양극지방	987 양극지리	997 양극	067 양극지방	077 양극지방

한편 KDC 5판에는 한국지역구분표에서 "지역구분표 111 – 1199와 같이 세분한다"라고 명시되어 있다. 이 명시사항은 지역구분표와 마찬가지로 본 표 내의 주기에 직접적으로 지시되어 있지 않다. 지역구분표 기호 – 111의 의미를 보면 아시아, 한국, 한국 지역을 의미한다. 따라서 한국의 특정 지역에 관련한 문헌일 경우, 지역구분표를 적용한 후, 한국 기호(– 11)에서 세구분을 적용하면 된다. 지역구분표에서 한국지역구분표의 개요를 유추해 보면 <표 5 – 3>과 같다.

〈표 5 – 3〉 한국지역구분표의 개요

– 111	**관북 지방**	– 115	**경기도**	– 1184	대구광역시
– 1111	함경북도	– 1155	인천광역시	– 1185	경상남도
– 1117	함경남도	– 116	**서울특별시**	– 119	**전라도**
– 112	**관서지방**	– 117	**충청도**	– 1191	전라북도
– 1124	평안북도	– 1171	충청북도	– 1195	전라남도
– 1127	평안남도	– 1175	충청남도	– 1196	광주광역시
– 113	**해서 지방**	– 1179	대전광역시	– 1199	제주특별자치도
– 1131	황해북도	– 118	**경상도**	– 11999	이어도
– 1136	황해남도	– 1181	경상북도		
– 1139	강원도(북한 지역)	– 11829	울릉도		
– 114	**강원도**	– 118295	독도		

5.2. 지역구분표 · 한국지역구분표의 적용법

(1) 분류기호의 아래에 제시되어 있는 부가지시 사항에 따라 지역구분표의 기호를 해당 분류기호에 직접 추가한다.

KDC에서 지역구분을 필요로 하는 곳은 대체로 "지역구분표에 따라 세분한다"라고 표시하고 있다. 지역구분표 – 11 ~ – 79는 대개 910 – 979에서 9를 생략한 기호와 같은 기호를 공통적으로 사용하고 있다.

339 사회단체

    .4 여성단체

    지역구분표에 따라 세분한다.

    (예) 한국여성단체

        → 339.4(여성단체) + (− 11)(지역구분: 한국) = 339.411

362 헌법

362.012 − .079 각국 헌법

        지역구분표 12 − 79와 같이 세분한다.

        (예) 미국헌법

           → 362.0(기본기호) + (− 42)(지역구분: 미국)

그러나 이미 분류표상에 대륙의 기호까지 표시되어 있는 경우에는 다음의 예와 같이 국가기호만 붙인다.

351 − 357 각국 중앙행정

        지역구분표 12 − 79와 같이 구분하고, 각국 중앙행정조직 및 행정은 350.1 − .8과 같이 세분한다.

        (예) 일본행정부

           → 351.3 (351.13 아님)

        (예) 한국일반통계

           → 311.1 (311.11 아님)

또한 이미 분류표상에 역사, 사정의 번호가 표시되어 있는 경우에 부가기호만 붙인다.

226 사원론

    .9 사지(寺誌), 사적(寺蹟)

특정 지방 또는 국가의 사찰사를 포함한다.

지역구분표에 따라 세분한다.

(예) 중국사지 → 226.912

(2) 분류표상에 특별한 지시가 없으나 지역구분을 추가하는 것이 이용자에게 도움이 된다고 판단될 경우에는 어디서나 지역구분을 사용할 수 있다. 이 경우에는, 표준구분의 기호 -09 역사 및 지역구분을 본표의 해당 분류기호에 추가하고, 이어서 지역구분표의 기호를 추가한다.

> -091 ~ -097 특수대륙, 국가, 지방구분
> 지역구분표에 따라 세분한다.

612.2 사찰(불교사원), 불탑

(예) 경상도의 사찰

→ 612.2 + (-09)(표준구분: 특수대륙, 국가, 지방구분) + (-118)(지역구분: 경상도) = 612.209118

327.4 금융시장

(예) 한국 금융시장의 구조

→ 327.4(금융시장) + (-09)(표준구분: 특수대륙, 국가, 지방구분) + (-11)(지역구분: 한국) = 327.0911

▌ 제6장 한국시대구분표

6.1. 한국시대구분표의 정의 및 특성

KDC의 한국시대구분표에는 "본표 911.01 – .082와 같이 구분한다"라고 명시되어 있다. 그러나 본표의 주기에 직접적으로 지역구분표('지역구분표에 따라 세분한다')와 같이 '시대구분표에 따라 세분한다'는 지시사항이 없으며 실제로 조기표에도 별도로 한국시대구분의 세목이 전개되어 있지 않다. 따라서 한국에 관한 지역구분 다음에 별도로 한국시대구분표를 적용하면 된다.

시대구분을 적용할 때, 한 시대와 치세(治世)를 다룬 저작은 바로 그 시대나 치세에 분류하며, 2시대나 치세를 동등하게 다룬 저작은 전 시대나 전 치세에 분류한다. 그러나 이 가운데 후 시대에 중점을 둔 것은 후 시대에 분류한다. 예를 들어 「명청시대사」는 912.05(명)에 분류하나, 청시대 중심이라면 912.06(청)에 분류한다. 그리고 3시대나 치세 또는 그 이상을 동등하게 다룬 저작은 그것을 포괄하는 시대에 분류한다. 예를 들어 「고구려·백제·신라사」를 다루고 있는 저작의 경우, 911.03(삼국시대)에 분류한다.[13]

본표에서 시대구분에 해당하는 기호를 유추하면 <표 6 – 1>과 같다.

---

13) 한국도서관협회 한국십진분류법해설편집위원회 편. *op.cit.*, p.279.

〈표 6-1〉 한국시대구분표의 개요

-01 원시시대	
-02 고대(상) -57 BC	-05 조선시대(근세) 1392-1910
-03 삼국시대(고대 하) 57 BC-936	-06 항일시대(최근세) 1910-1945
-04 고려시대(중세) 918-1392	-07 대한민국시대 1945-

6.2. 한국시대구분표의 적용법

(1) 한국시대구분표를 적용해야 할 문헌의 주제의 경우, 본표의 지시에 따라 지역구분표를 적용한 후, 부가적으로 본표의 911.01-.082에 세분되어 있는 시대구분 기호를 추가한다.

'고려자기'를 예로 들어 살펴보면, 고려자기는 고려시대의 도자기를 의미하므로 먼저 본표의 631.2 도자기, 사기에 분류하고, 고려시대라는 시대구분 기호를 추가해야 한다.

631.2 도자기, 사기
    지역구분표에 따라 세분한다.
    (예) 고려자기 → 631.2(도자기, 사기)+-11(한국: 지역구분)+-04
        (고려: 시대구분)=631.21104

(2) 지역구분표를 적용하라는 지시사항이 없을 경우에는 표준구분표의 -09의 세구분을 사용하여 한국시대구분표를 적용할 수 있다. 표준구분표는 별도의 부가지시사항이 없어도 적용할 수 있는 조기표이며 -091~-097 특수대륙, 국가, 지방구분을 적용한 후, 부가적으로 본표의 911.01-.082에 세분되어 있는 시대구분 기호를 추가한다.

-091~-097 특수대륙, 국가, 지방구분
    지역구분표에 따라 세분한다.

230.9 역사

　　지역구분표에 따라 세분한다.

　　(예) 일제강점기의 기독교역사 연구 → 230.9(기독교 역사) + − 11(지
　　　　역구분: 한국) + − 06(911.06 일제강점기에서 911 다음의 기호)
　　　　= 230.91106

370.9 교육사, 각국 교육

　　지역구분표에 따라 세분한다.

　　(예) 일제 식민하의 교육 → 370.9(교육사) + − 11(지역구분: 한국) +
　　　　− 06(911.06 일제강점기에서 911 다음의 기호) = 370.91106

▌ 제7장 국어구분표

7.1. 국어구분표의 정의 및 특성

국어구분은 700 언어류의 각국어를 표시하는 기호를 언어 이외의 주제에도 적용시켜 구분할 수 있는 기호를 말한다. 국어구분은 어느 주제를 특정 언어적 측면에서 다루고 있을 때, 해당 언어를 나타내기 위해 사용된다. 특히 700 언어류와 800 문학류에서 개별언어와 개별문학의 기호를 합성하기 위한 기초가 된다.

또한 언어류와 문학류 외에도 030 백과사전, 040 강연집, 수필집, 연설문집, 050 일반연속간행물, 080 일반전집 및 총서, 233.077 현대 각국어 성서 번역, 471.8 언어별 인종구분, 802.04 각국어의 문장작법 등에도 적용된다.

국어구분표의 개요는 <표 7 - 1>과 같다.

〈표 7 - 1〉 국어구분표의 개요

- 1 한국어	- 6 프랑스어
- 2 중국어	- 7 스페인어
- 3 일본어	- 79 포르투갈어
- 39 기타 아시아 제어	- 8 이탈리아어
- 4 영어	- 9 기타 제어
- 5 독일어	- 928 러시아어
- 59 기타 게르만어	

7.2. 국어구분표의 적용법

국어구분은 '710 - 799와 같이 언어구분을 한다', '791 - 799와 같이 구분한다', '759.1 - .9와 같이 세분한다' 등과 같은 세분 지시가 있어야 적용할 수 있다.

233.077 현대 각국어 성서
    도서관에 따라 710 - 799와 같이 구분할 수 있다.
    (예) 독일어판 성서 → 233.077(현대 각국어 성서) + - 5(국어구분: 독일어) = 233.0775

471.8 언어에 의한 인종의 구별
    710 - 799와 같이 구분한다.
    (예) 몽골어족 → 471.8(언어에 의한 인종의 구별) + - 393(국어구분: 몽골어) = 471.9393

▌제8장 언어공통구분표

8.1. 언어공통구분표의 정의 및 특성

언어공통구분은 700 언어류의 각국어에 공통적으로 적용되는 형식이나 특성에 대해 부여하는 구분이다. 언어공통구분의 개요는 <표 8-1>과 같다.

<표 8-1> 언어공통구분표의 개요

-1 음운, 음성, 문자	-5 문법
-2 어원, 어의	-6 작문
-3 사전	-7 독본, 해석, 회화
-4 어휘	-8 방언(사투리)

KDC는 <그림 8-1>과 같이 2개 군, 701-709와 720-790으로 구성되어 있다. 그 가운데 언어 일반에 관한 세목 701-709는 표준구분표를 적용한 것이고, 개별언어 710-790의 요목은 언어공통구분표 -1~-8을 미리 조합하여 본표에 반영하고 있다.[14]

---

14) 윤희윤. 정보자료분류론. 서울: 태일사. 2005, p.156.

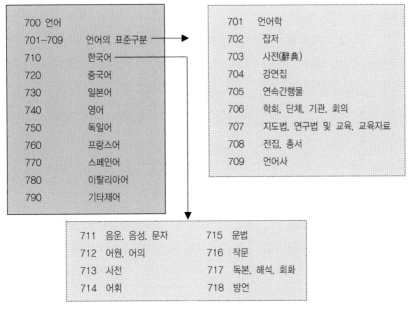

〈그림 8-1〉 언어류의 강목구성 체계

(예) 불문법 → 760(불어) + -5(언어공통구분: 문법) = 765

중국어 회화 → 720(중국어) + -7(언어공통구분: 회화) = 727

8.2. 언어공통구분표의 적용법

언어공통구분은 상술한 바와 같이 710 - 790 요목에 미리 조합되어 반영되어 있다. 따라서 별도의 지시사항은 없으며 "△(특정 언어)와 같이 구분한다"는 지시사항이 있다. 또한 언어류의 일부 기호는 추가로 확장, 전개할 수 있도록 하고 있다. 특히 주요 국어의 방언은 본표 내의 지역구분을 사용하여 추가기호를 부가하도록 지시하고 있다.

792.8 러시아어

    792.81 – 792.88은 741과 같이 구분한다.

    (예) 러시아어 문법 → 러시아어(792.8)＋－5(언어공통구분: 문법)＝

        792.85

718 고어, 방언, 속어

    .1 – .9 각 지방의 방언

    지역구분표 111 – 1199와 같이 세분한다.

    (예) 제주도 방언 → 718(한국어 방언＝71(한국어)＋－8(언어공통구분

        표: 고어, 방언))＋－1199(지역구분: 제주도)＝718.1199

▌제9장 문학형식구분표

9.1. 문학형식구분표의 정의 및 특성

문학형식구분은 800 문학류의 특정언어로 된 문학작품이나 문학에 관한 자료를 분류하기 위해 마련된 것이다.

분류의 일반적인 원칙은 먼저 주제에 의해서 분류한 다음에, 그 주제를 표현한 형식에 따라 분류하는 것이다. 그러나 이와는 달리 문학작품은 문학의 형식에 의해서 분류된다. 즉 문학작품의 분류는 작품에 사용된 국어에 의한 구분이 제1차 구분이고, 문학형식이 제2차 구분, 시대가 제3차 구분이 된다. '김소월 시집'을 예로 들면, 700(언어류)＋－1(국어구분: 한국어)＋－1(문학형식구분: 시)＋－6(한국시대구분: 일제시대)이 된다.

여기에서 제2차 구분 문학형식에 조기성을 적용하여, 각국 문학에 공통적으로 적용되는 것이 문학형식구분표이다. 문학형식구분의 개요는 <표 9－1>과 같다.

〈표 9－1〉 문학형식구분표의 개요

－1 시	－5 연설, 웅변
－2 희곡	－6 일기, 서간, 기행
－3 소설	－7 풍자
－4 수필	－8 르포르타주 및 기타

KDC는 <그림 9-1>과 같이 2개 군, 801-809와 810-890으로 구성되어 있다. 그 가운데 문학 일반에 관한 세목 801-809는 표준구분표를 적용한 것이고, 개별문학 810-890의 요목은 문학형식공통구분표 -1～-8을 미리 조합하여 본표에 반영하고 있다.

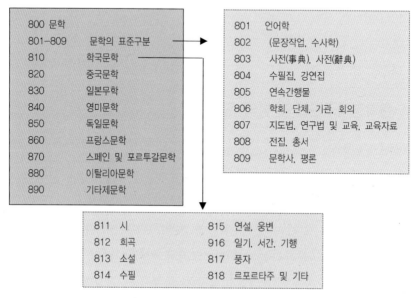

〈그림 9-1〉 문학류의 강목구성 체계

KDC에서는 810 한국문학의 요목전개를 바탕으로 이를 820-899의 각국의 문학에도 공통적으로 적용하도록 하고 있다. 그러나 KDC는 각국 문학의 특징을 나타내는 세목에서는 예외가 많기 때문에 반드시 본표의 전개를 참고해야 한다.

9.2. 문학형식구분표의 적용법

문학형식구분은 상술한 바와 같이 각국 문학 아래에 요목에 미리 조합되어 반영되어 있다. 이 외에 본표 내에서 "문학형식구분표에 따라 세분한다"라는 지시사항이 있을 경우, 해당 분류기호에 직접 추가할 수 있다.

808 전집, 총서

808.1 − .8은 문학형식구분표에 따라 세분한다.

(예) 세계소설전집 → 808(전집, 총서) + − 3(문학형식구분: 소설) = 808.3

809.1 − .8 각 문학형식의 역사

문학형식구분표에 따라 세분한다.

(예) 소설사 → 809(각 문학형식의 역사) + − 3(문학형식구분: 소설) = 809.3

▌ 제10장 종교공통구분표

10.1. 종교공통구분표의 정의 및 특성

    KDC의 종교공통구분은 DDC에 없는 특별한 보조표이다. 종교공통구분은 각 종교에 있는 특이한 주제나 의식을 유형별로 구분하고 조기성을 갖는 기호를 부여하여 각 종교에 공통적으로 적용시킨 구분이다. KDC에서는 세계의 주요 종교를 220 – 280에 배정하고 요목의 단계에서 종교공통구분을 공통적으로 적용하고 있다. 이를 위해 비교종교 211 – 218의 요목으로 전개된 구분을 종교공통구분으로 활용하고 있다. 다만 세목의 내용은 종교에 따라 각각 다르고, 또 세목의 전개도 정조(精粗)의 차이가 있다는 점에 유의해야 한다. 이 종교공통구분은 필요에 따라 각 종교의 종파 또는 교파에도 적용시켜 세분할 수 있다.

    종교공통구분의 개요 및 비교종교학의 요목을 비교해 보면 다음 <표 10 – 1>과 같다.

〈표 10-1〉 종교공통구분의 개요 및 비교종교학의 요목 비교

종교공통구분	210 비교종학
-1 교리, 교의	211 교리
-2 종조, 창교자	212 종조, 교조, 개종자
-3 경전, 교전	213 종전, 교전
-4 종교신앙, 신앙록, 신앙(수도)생활	214 종교신앙, 신앙록 및 신앙(수도)생활
-5 선교, 포교, 전도, 교화(교육)활동	215 종교포교
-6 종단, 교단	216 종단, 교단,
-7 예배형식, 의식, 의례	217 예배형식, 의식, 전례
-8 종파, 교파	218 종파, 교파

10.2. 종교공통구분표의 적용법

종교공통구분표는 각 종교의 요목에 적용되어 220(불교), 230(기독교), 240(도교) 등은 이미 본표에 종교공통구분의 항목들이 전개되어 있다. 그 밖의 종교에서는 이 구분표의 기호를 "도서관에 따라 211-218과 같이 세분할 수 있다"는 부가지시 사항에 따라 본표의 기본기호에 직접 추가하면 된다.

250 천도교

　　도서관에 따라 211-218과 같이 세분할 수 있다.

　　(예) 최제우의 전기 → 250(천도교) -0+-2(종교공통구분: 종조)=252

280 회교

　　도서관에 따라 211-218과 같이 세분할 수 있다.

　　(예) 코란(Koran) → 280(회교) -0+-3(종교공통구분: 종전, 교전)=283

제3부

본　표

▌ 제11장 000 총류

11.1. 특성 및 개요

총류는 철학류(1)에서 역사류(9)에 이르기까지 어느 특정류에 분류할 수 없으면서 동시에 수개류의 서로 다른 학문과 관련되거나 적용되는 저작 또는 수개류나 전체류를 포함하고 있는 다학문적인 저작을 분류하기 위한 유이다.

총류는 백과사전(030), 강연집, 수필집, 연설문집(040), 연속간행물(050), 일반학회, 단체 등(060), 일반전집, 총서(080)와 같이 어느 특정 주제가 없는 일반적·형식적인 것을 분류하며, 특정 주제에 한정되면 그 주제 아래에 분류하게 된다.

또한 총류는 전산학(003 - 005), 도서학, 서지학(010), 문헌정보학(020), 박물관학(069), 신문·언론·저널리즘(070), 향토자료(090) 등 여러 주제에 관련되거나 적용되는 학문들을 포함하고 있다. 이러한 학문과 다른 학문들을 연결하기 위하여 해당 분류기호에 000 - 999와 같이 전주제구분을 한다.

KDC의 총류의 개요를 살펴보면 <표 11 - 1>과 같다. 각 강목, 요목에 대한 설명은 본문에서는 생략하고, 요목 이하의 분류기호의 계층구조를 좀 더 쉽게 파악할 수 있도록 각 주류에 대한 세목표를 <부록 4>에 수록하였다.

<표 11-1> 총류의 개요

000	총류	050	일반연속간행물
001	지식, 학문일반	051	한국어
002		052	중국어
003	시스템	053	일본어
004	컴퓨터과학	054	영어
005	프로그래밍, 프로그램, 데이터	055	독일어
006		056	프랑스어
007		057	스페인어
008		058	이탈리아어
009		059	기타 제 언어
010	도서학, 서지학	060	일반학회, 단체, 협회, 기관, 연구기관
011	저작	061	아시아 일반학회, 단체 등
012	사본, 판본, 제본	062	유럽 일반학회, 단체 등
013	출판 및 판매	063	아프리카 일반학회, 단체 등
014	개인서지 및 목록	064	북아메리카 일반학회, 단체 등
015	국가별서지 및 목록	065	남아메리카 일반학회, 단체 등
016	주제별서지 및 목록	066	오세아니아 일반학회, 단체 등
017	특수서지 및 목록	067	양극지방 일반학회, 단체 등
018	일반서지 및 목록	068	
019	장서목록	069	박물관학
020	문헌정보학	071	아시아 신문, 저널리즘
021	도서관행정 및 재정	072	유럽 신문, 저널리즘
022	도서관건축 및 설비	073	아프리카 신문, 저널리즘
023	도서관 경영, 관리	074	북아메리카 신문, 저널리즘
024	수서, 정리 및 보존	075	남아메리카 신문, 저널리즘
025	도서관봉사 및 활동	076	오세아니아 신문, 저널리즘
026	일반도서관	077	양극지방 신문, 저널리즘
027	학교 및 대학도서관	078	특정주제의 신문
028		079	
029	독서 및 정보매체의 이용		
030	백과사전	080	일반 전집, 총서
031	한국어	081	개인의 일반전집
032	중국어	082	2인 이상의 일반전집, 총서
053	일본어	083	
034	영어	084	
035	독일어	085	
036	프랑스어	086	
037	스페인어	087	
038	이탈리아어	088	
039	기타 제 언어	089	

040	강연집, 수필집, 연설문집	090	향토자료
041	한국어	091	
042	중국어	092	
043	일본어	093	
044	영어	094	
045	독일어	095	
046	프랑스어	096	
047	스페인어	097	
048	이탈리아어	098	
049	기타 제 언어	099	

11.2. 분류의 특수규정

실제 분류작업시 유의해야 할 사항들에 관한 000 총류의 특수규정을 살펴보면 다음과 같다.

(1) 백과사전(030)

① 특정주제에 한정되지 않은 종합적이고 일반적인 백과사전류를 030(백과사전)에 분류한다. 특정주제에 한정된 사전(事前), 사전(辭典)은 해당 주제 아래 분류하고, 표준구분 −03을 부가한다.

② 주제가 다양하여 어느 한 주제에 속하지 않고 그 용도가 백과사전과 같이 이용되는 저작은 030에 분류한다. 예: 유서(類書), 상식집, 문답집, 퀴즈집

③ 백과사전은 출판된 국가에 따라 구분하지 않고, 기술된 언어로 구분한다.

④ 언어사전은 700 각국 언어 아래에 분류한다.

(2) 강연집, 수필집, 연설문집(040)

① 1인 또는 2인 이상이 쓴 일반적인 수필집, 강연집, 연설문집 등을 포함한다. 문학수필과 강연, 연설문집은 800 문학 아래에 분류한다.
② 일반적인 수필집과 문학수필의 차이를 발견하기 어려울 때는 문학가로 인정받는 사람의 수필 및 문학적 수필 또는 사색적·감상적인 수필의 경우 800 문학 아래에 분류하고, 문학가 이외의 사람이 쓴 수필로서 특정 주제에 한정되지 않는 수필을 여기에 분류한다.[15]

(3) 연속간행물(050)

① 연속간행물에는 일반 논문집이 포함된다. 일반 논문집은 수록된 각 논문집이 짧고, 어느 한 주제에 한정되지 않으며, 한 권 또는 종간(終刊) 예정 없이 연속적으로 권호를 붙여 간행되는 것을 의미한다. 이에 비해 일반전집, 총서(080)는 각 논문이 길고 완전하며 학구적·학문적으로서 종간예정이 확정되고, 각 권을 망라하는 종합서명이 있는 것을 말한다.[16]
② 특정주제에 한정되지 않은 연속간행물로 3개국 이상으로 기술되어 051 – 058에 분류할 수 없는 연속간행물을 050에 분류한다.
③ 특정주제에 한정된 연속간행물은 그 주제 아래 분류하고, 표준구분 – 05를 부가한다. 예: 철학잡지 105
④ 연속간행물의 목록, 기사색인, 초록은 018.5에 분류한다. 신문은 070 아래에, 일반학회, 단체 등의 행정보고서, 회의록은 060 아래에 분류한다.

---

15) 한국도서관협회 한국십진분류법해설편집위원회 편. *op.cit.*, p.50.
16) *Ibid.*, p.51.

(4) 일반학회, 단체, 협회, 기관(060)

① 일반학회, 단체, 협회, 기관, 연구기관의 역사, 헌장, 규정, 회원 명단, 행정보고서, 회의록 또는 일시적인 회의의 회보(會報) 등은 연속적인 간행 여부에 상관없이 특정주제에 한정된 것이 아니면 여기에 분류하고, 단체의 소재지에 따라 지역구분을 한다.

② 특정주제의 학회, 단체 등을 다룬 저작은 그 주제 아래 분류하고, 표준구분 −06을 부가한다.

③ 한 학회나 단체의 일부회(一部會)나 분과회(分科會)의 간행물이라 하더라도 일부회, 분과회에 분류하지 않고, 그 학회의 전체 활동범위를 나타내는 주제 아래 분류한다. 예를 들어 한국과학연구회의 한 분과인 인문학분과위원회나 자연과학분과위원회에서 간행한 자료일지라도 이를 인문학, 자연과학 아래 분류하지 않고, 포괄적인 활동 범위인 한국과학연구회 아래 분류한다.

④ 학회나 또는 자체의 상황을 전달하는 보고서류는 여기에 분류하지만, 이들의 조사연구 결과로서 연구 자체에 대한 보고를 주로 한 논문집, 기요(紀要) 등은 050 연속간행물에 분류한다. 이러한 성격의 자료로서 특정주제를 다룬 저작도 그 주제 아래 분류하고, 표준구분 −05를 부가한다.

(5) 신문, 언론, 저널리즘(070)[17]

① 신문사에서 발간하는 것으로서 그 형태와 지명(誌名)이 다른 주간잡지 또는 월간잡지는 050 연속간행물에 분류한다. 예: 월간조선 051

② 일요판 및 호외(號外)는 00.439에 분류한다.

③ 신문의 부록으로 간행된 단행본적 성격의 저작은 그 주제 아래 분류한다.

④ 신문목록, 신문기사색인집은 018.7에 분류한다.

---

17) *Ibid.*, p.52.

(6) 일반전집, 총서(080)[18]

① 2개 류(類)를 다룬 전집, 총서는 제2의 유가 특히 중요하지 않는 한 제1의 유에 분류한다. 예: 국어국문학 총서 710.8

② 3개 류(類) 이상을 내포하는 전집, 총서는 080에 분류한다.

③ 저자와 주제가 다르게 완전히 독립된 단행본으로 발간된 출판사 총서 류는 연속 번호가 있더라도 080에 분류하지 않고, 각 권을 주제에 따 라 분산하여 분류한다.

   예: 사회사상사 (한울총서 v.3) 301.09

④ 전공 분야가 뚜렷한 개인의 전집, 선집은 그중에 전공 분야 이외의 것 이 내포되어 있다고 하더라도 저자의 전공 분야 아래 분류한다.

⑤ 한 국가에 관한 지지적(地誌的)인 총서는 그 국가의 역사 아래 분류한다.

11.3. 분류 사례분석

(1) 해당 주제나 학문 분야에 분류

001.073 방법론 [전 007.3]

   과학적 방법론, 통계적 방법론, 현상적 방법론, 해석적 방법론 등 을 포함한다. 특수 주제의 방법론은 그 주제하에 분류한다.

   (예) 정치학의 통계학적 방법론

   → 340(통계학) + (- 073)(표준구분: 연구방법론) = 340.73

001.079 조사 연구의 지원 및 장려, 학술 진흥 일반

   포상, 장학금, 학문 보조금, 기부금 등을 포함한다. 특수주제의

---

18) *Ibid.,* p.53.

포상은 그 주제 아래에 분류한다.

(예) 노벨문학상: 800(문학류)+－079(표준구분: 포상, 상품, 상장)
＝807.9

(예외) 교육에서의 장학금 및 교육보조금: 371.93(본표 내 지정)

> 371 교육정책 및 행정
> .9 교육재정
> .93 장학금, 대여장학금, 육영재단, 기부금, 교육보조금, 융자

081 개인의 일반전집

특수주제의 개인전집은 그 주제하에 분류한다.

(예) 과학전집

→ 400(과학)＋(－081)(표준구분: 개인전집, 총서, 선집)＝408.1

082 2인 이상의 일반전집, 총서

특수주제의 2인 이상 전집은 그 주제하에 분류한다.

(예) 경제전집

→ 경제학(320)＋(－082)(표준구분: 2인 이상의 전집, 총서, 선집)＝
320.82

030 백과사전

특수주제의 사전은 그 주제하에 분류한다.

(예) 과학대사전

→ 400(과학)＋(－03)(표준구분: 사전)＝403(본표 내에 지정)

040 강연집, 수필집, 연설문집

특수주제의 강연집, 수필집, 연설문집은 그 주제하에 분류한다.

(예) 문학수필

→ 800(문학)＋(－04)(표준구분: 강연집, 수필집, 연설문집)＝804

경제수필

    → 320(경제학) + (− 04)(표준구분: 강연집, 수필집, 연설문집) =
    320.04 (320.4 아님)

050 일반연속간행물

  특수주제의 연속간행물은 그 주제하에 분류한다.

  (예) 철학잡지

    → 100(철학) + (− 05)(표준구분: 연속간행물) = 105

(2) 지역구분

011.21 − .27 각국 저작권(판권)

    지역구분표에 따라 세분한다.

(예) 영국 저작권 → 011.2(기본기호) + (− 24)(지역구분: 영국) = 011.224

    한국 저작권 → 011.2(기본기호) + (− 11)(지역구분: 한국) = 011.211

(유의할 사항) 저작권법은 365.91에 분류한다. 각국의 저작권법을 분류하
    고자 할 때에는 표준구분표(− 091 ∼ − 099)를 적용한다.

015 국가별 서지 및 목록

  국가서지 및 목록, 지방서지 및 목록, 정부간행물목록 등 일반서지를
  포함한다.

  지역구분표에 따라 세분한다.

  특수 지역 및 주제에 관한 서지 및 목록은 016에 분류한다.

  (예) 중국의 서지 및 목록: 015(기본기호) + (− 12)(지역구분: 중국) =
    015.12

  (유의할 사항) 중국에 관한 서지 및 목록은 016(기본기호) + − 912(지
    역구분: 중국) = 016.912

연체동물에 관한 서지 및 목록은 016(기본기호)＋494
(연체동물)＝016.494

021.31－.37 각국의 도서관법
　　　　지역구분표에 따라 세분한다.
　　　　(예) 영국도서관법
　　　　　　→ 021.3(도서관법규 및 기준)＋(－24)(지역구분: 영국)
　　　　　　＝021.324
　　　　　　한국도서관법
　　　　　　→ 021.3(도서관법규 및 기준)＋(－11)(지역구분: 한국)
　　　　　　＝021.311
　　　　(유의할 사항) 도서관법은 도서관 특히 법학도서관일 경우
　　　　　　　　　　　 368(기타 제법) 아래 368.002에 분류될 수 있
　　　　　　　　　　　 다. 이는 KDC의 양자택일에 의한 것으로
　　　　　　　　　　　 368에 대한 주기칼럼 내용에 제시되어 있다.

> 368 기타 제법
> 　특수법률 및 법령은 그 주제하에 분류한다.
> 　도서관에 따라 －023(법령 및 규정)을 첨가할 수 있다: 교통법 326.3023
> 　특수법을 한곳에 모을 필요가 있는 도서관에서는 368 다음에 0을 부가하고,
> 　001－999와 같이 주제구분을 할 수 있다.

　　　　　　　　따라서 도서관법은 368＋(0)(패싯기호)＋(020
　　　　　　　　문헌정보학)＝368.002가 된다.

026.1 국립도서관
　　　　각국의 국립도서관은 지역구분표에 따라 세분한다.
　　　　(예) 국립중앙도서관
　　　　　　→ 026.1(국립도서관)＋(－11)(지역구분: 한국)＝026.111

027 학교 및 대학도서관

027.1 - .9는 910 - 979와 같이 지역구분을 할 수 있다.

(예) 전북대학교 도서관 업무보고서

→ 027.6(대학교도서관) + (- 1192)(지역구분: 전주시) = 027.61192

059 연감

지역구분표에 따라 세분한다.

특수주제의 연감은 그 주제하에 분류한다.

(예) 한국연감

→ 연감(059) + (- 11)(지역구분: 한국) = 059.11

060 일반학회, 단체, 협회, 기관, 연구기관

각국 일반학회, 단체는 지역구분표에 따라 세분한다.

(예) 미국일반학회

→ 060(일반학회, 단체, 협회, 기관, 연구기관) + (- 42)(지역구분: 미국) = 064.2

071 - 077 각국의 신문

지역구분표에 따라 세분한다.

(예) 중국신문

→ 070(신문, 저널리즘) + (- 12)(지역구분: 중국) = 071.2

(3) 국어구분

각 언어별 백과사전, 수필집, 연속간행물의 경우 언어공통구분표를 적용한다. 031(한국어 백과사전), 032(중국어 백과사전), 033(일본어 백과사전), 034(영어 백과사전), 035(독일어 백과사전), 036(프랑스어 백과사전), 037(스페인어 백과사전), 038(이탈리아어 백과사전)을 제외한 언어의 경우는 기타 아시아 제국어 및 기타 게르만어, 기타 제 언어 분류기호 주기의 지시에 따라 합성해야 한다.

즉, 기타 아시아 제국어의 백과사전은 033.91 - .98에 분류하며, 이때 .91 - .98은 739.1 - .8과 같이 구분한다. 기타 게르만어 백과사전은 035.91 - .99에 분류하며, 이때 .91 - .99는 759.1 - .9과 같이 구분하며, 기타 제언어의 백과사전은 039에 분류하며, 이때 792 - 799와 같이 구분한다.

040 강연집, 수필집, 연설문집과 050 일반 연속간행물의 경우도 마찬가지로 본표 내에 열거되어 있는 언어를 제외한 나머지 언어에 대해서는 지시내용에 따라 합성하도록 하고 있다. 이를 표로 제시하면 다음과 같다.

〈표 11 - 2〉 언어류의 세목과 백과사전, 강연집. 일반연속간행물 세목 비교

세구분	030 백과사전	040 강연집, 수필집, 연설문집	050 일반연속간행물
739.1 - .8	033.91 - .98 기타 아시아 제 언어	043.91 - .98 기타 아시아 제언어	053.91 - .98 기타 아시아 제언어
759.1 - .9	035.91 - .99 기타 게르만어		
792 - 799	039 기타 제언어	049 기타 제언어	
780 - 799			058 기타 제언어

033.91 - .98 기타 아시아 제국어

　　　739.1 - .8과 같이 세분한다.

　　　(예) 터키어 백과사전

　　　　　→033. 9(기타 아시아 제 언어)+4(739.4 터키어에서 739
　　　　　를 제외한 나머지)＝033.94

035.91 - .99 기타 게르만어

　　　759.1 - .9와 같이 세분한다.

　　　(예) 노르웨이어 백과사전

　　　　　→035. 9(기타 게르만어)+82(759.82 노르웨이어에서 759를
　　　　　제외한 나머지)＝035.982

039 기타 제언어

　　792 - 299와 같이 구분한다.

　　(예) 러시아어 백과사전

　　　　→ 039(기타 제언어) + 28(792.8 러시아어에서 79를 제외한 나머지)

　　　　039.28

043.91 - .98 기타 아시아 제국어

　　　　739.1 - .8과 같이 세분한다.

　　　　(예) 몽골어 수필집

　　　　　　→ 043.9(기타 아시아 제언어) + 3(739.3 몽골어에서 739

　　　　　　를 제외한 나머지) = 043.93

049 기타 제언어

　　792 - 799와 같이 구분한다.

　　(예) 체코어 일반강연집

　　　　→ 049(기타 제언어) + 296(792.96 체코어에서 79를 제외한 나머지)

　　　　= 049.296

053.91 - .98 기타 아시아 제언어

　　　　739.1 - .8과 같이 세분한다.

　　　　(예) 타이어 일반논문집

　　　　　　→ 053.9(기타 아시아 제언어) + 81(739.81 타이어에서

　　　　　　739를 제외한 나머지) = 053.981

　　　　　　헝가리어 연속간행물

　　　　　　→ 053.9(기타 아시아 제언어) + 61(739.61 헝가리어에서

　　　　　　739를 제외한 나머지) = 053.961

058 기타 제언어

　　780 - 799와 같이 구분한다.

　　(예) 루마니아어 일반연속간행물

→ 058(기타 제언어)＋89(789 루마니아어에서 7을 제외한 나머지)
＝058.89

러시아어 일반연속간행물

→ 058(기타 제언어)＋928(792.8 러시아어에서 7을 제외한 나머지)
＝058.928

(4) 전주제구분

024.47 통제어휘

특수주제의 통제어휘는 001－999와 같이 주제구분을 한다.

(예) 의학주제명표목표

→ 024.47(통제어휘)＋510(의학)＝024.4751

026.9 전문도서관 및 정보센터

각 주제(전문) 분야의 전문도서관은 001－999와 같이 주제구분을
한다.

(예) 법률도서관

→ 026.9(전문도서관 및 정보센터)＋360(법학)＝026.936

의학도서관

→ 026.9(전문도서관 및 정보센터)＋510(의학)＝026.951

090 향토자료

도서관에 따라 향토자료를 001－999와 같이 주제구분을 할 수 있다.

(예) 거창군지

→ 090(향토자료)＋911.87(거창군)＝099.1187

향토불교자료

→ 090(향토자료)＋220(불교)＝092.2

(5) 특수주제구분

022.31 도서관건축 및 설비
026 - 027과 같이 세분한다.

※ 026은 일반도서관으로 공공도서관, 전문도서관 및 정보센터를 포함하고 있다. 027은 학교 및 대학도서관으로 유치원 도서관에서부터 초중고, 대학도서관을 모두 포함하고 있다

026.1 국립도서관	**027 학교 및 대학도서관**
.3 공공도서관	.1 유치원 도서관
.5 어린이도서관	.2 초등학교 도서관
.6 문고	.3 중학교 도서관
.8 기타 공공도서관	.4 고등학교 도서관
.81 장애인도서관	.5 2년제 대학(전문대학) 도서관
.82 교도소도서관	.6 대학교 도서관
.83 병원도서관	.9 기타 교육기관의 도서관
.84 병영도서관	
.9 전문도서관 및 정보센터	
.99 보존기록관	

(예) 대학도서관 설계

　→ 022.31 + 76(027.6 대학도서관에서 02를 제외한 나머지) = 022.3176

　법률도서관의 인테리어 및 설계

　→ 022.31 + 693.6(026.936 법률도서관에서 02를 제외한 나머지) = 022.316936

　법률도서관 → 026.9(전문도서관 및 정보센터) + 360(법학) = 026.936

> 026.9 전문도서관 및 정보센터
> 　각 주제(전문) 분야의 전문도서관은 001 - 999와 같이 주제구분을 한다.

024.35 비도서 자료의 목록작성법
024.351 - .359는 024.9와 같이 세분한다.

(예) 지도목록작성

→ 024.35 + 8(지도 및 해도 024.98에서 024.9를 제외한 나머지 기호) = 024.358

음반목록작성

→ 024.35 + 7(음악자료 024.97에서 024.7을 제외한 나머지 기호) = 024.357

(6) 양자택일 규정

016 주제별 서지 및 목록

단일 주제의 서지 및 목록을 포함한다.

001 - 999와 같이 주제구분을 한다.

도서관에 따라 주제별서지 및 목록을 각 주제하에 분류할 수 있다.

(예) 정치서지 및 목록

① 전주제구분 할 경우 → 016 + 340(정치학) = 016.34

② 각 주제하에 분류할 경우 → 340(정치학) + (- 026)(표준구분: 서지, 도서목록, 초록, 색인, 해제) = 340.26

(예) 바그너의 서지 및 목록

① 전주제구분 할 경우 → 016(주제별 서지 및 목록) + 674.2(오페라) = 016.6742

② 각 주제하에 분류할 경우 → 674.2(오페라) + (- 026)(표준구분: 서지, 도서목록, 초록, 색인, 해제) = 674.2026

069.8 전문박물관

001 - 999와 같이 주제구분을 한다.

도서관에 따라 특수주제하에 분류할 수 있다.

(예) 공업박물관

① 전주제구분 할 경우 → 069.8(전문박물관) + 530(공업) = 069.853

② 각 주제하에 분류할 경우 → 530(공업) + (−069)(표준구분: 일반학회, 단체, 협회) = 530.069 (530.69 아님)

078 특정주제의 신문

001 − 999와 같이 주제구분을 한다.

도서관에 따라 그 주제하에 분류할 수 있다.

(예) 교육신문

① 전주제구분 할 경우 → 078(특정주제의 신문) + 370(교육학) = 078.37

② 해당 주제하에 분류 → 370(교육학) + (−05)(표준구분: 연속간행물) = 370.5

11.4. 분류 실습문제

① (한국) 도서관 관련 법령집

021.3(021.3 도서관법규 및 기준) + −11(지역구분: 한국) → 021.311

② 저작권 표준용어집

011.2(저작권(판권)) + −034(표준구분: 용어집, 용어연구, 술어, 명명법, 약어집) → 011.2034

③ 100년 뒤에 다시 읽는 독립신문

070(신문, 저널리즘) −0 + −11(지역구분: 한국) + −09(표준구분: 역사) → 071.109

④ 평택군현지

　　090(향토자료) － 0 ＋ 911.59(평택시) → 099.1159

⑤ (전국언론사) 기사자료 표준 분류표

　　024.42(특수 분류표) ＋ 070(신문, 저널리즘) → 024.4207

⑥ 정보처리기사 필기

　　004(컴퓨터과학) ＋ － 077(표준구분: 각종 시험, 면허증) → 004.077

⑦ 한국십진분류법 제5판

　　024.41(일반분류표)

⑧ (한 권으로 읽는) 브리태니커

　　031(한국어 백과사전)

⑨ 원불교 역사박물관

　　069.8(전문박물관) ＋ 228.95(원불교) → 069.822895

⑩ 영상저널리즘의 이해

　　070.423(보도사진, 신문사진)

⑪ 명강의 선집

　　041(한국어 강연집)

⑫ 디지털 뉴스 핸드북

　　070.45(뉴미디어, 뉴저널리즘) ＋ － 021(표준구분: 편람, 핸드북, 포켓북)
　　→ 070.45021

⑬ 전라남도의 향토문화

　　090(향토자료) - 0 + 91195(전라남도) → 099.1195

⑭ 경제학 서목

　　016(주제별 서목) + 320(경제학) → 016.32

　　320(경제학) - 0 + - 026(표준구분: 서지, 도서목록, 초록, 색인, 해제) → 320.26

⑮ The Korea Herald

　　070(신문, 저널리즘) - 0 + - 11(지역구분: 한국) → 071.1

⑯ 한국문헌정보학회지

　　020(문헌정보학) - 0 + - 05(표준구분: 연속간행물) → 020.5

⑰ (2002 기자가 본) 100大 뉴스

　　070(신문, 저널리즘) + .42(본표추가세분: 뉴스 취재 및 보도) → 070.42

⑱ SP조사 설계 및 분석방법론

　　001.073(방법론)

⑲ (이광주) 아름다운 책 이야기: 윌리엄 모리드에서 중세 사본까지

　　010.9(도서 및 서지학사) + - 2(지역구분: 유럽) → 010.92

⑳ 대학도서관 정보서비스 우수 사례집

　　027.6(대학교 도서관)

▌제12장 100 철학

12.1. 특성 및 개요

철학은 "인간과 세계에 대한 근본 원리와 삶의 본질 등을 연구하는 분야"[19]로 오늘날 일반적으로 철학의 주제는 5개 분야 즉, 형이상학, 인식론, 논리학, 윤리학, 미학 등으로 구분하는 것이 관례이다.

KDC의 철학류는 테마 구분, 지역 구분, 시대 구분 등 세 가지 기준으로 전개된다. 테마 구분은 철학 각류, 즉 형이상학(110), 인식론, 인과론, 인간학(120), 철학의 체계(130) 등에 적용되며, 지역구분과 시대 구분은 경학(140), 아시아 철학, 사상(150), 서양철학(160) 등 각국 철학에 적용된다. 이 외에도 철학류에는 논리학(170), 심리학(180), 윤리학(190) 등이 포함되어 있다.

철학류에서 분류 구조상 단점으로 지적되고 있는 사항은 철학과 심리학, 유사심리학 등을 동일류에 포함시켜도 되는지의 여부이다. 그러나 유(類)의 여유가 없는 십진식에서는 심리학 등의 독립은 무리이며, 140 경학은 본질적으로 유가의 경서에 대한 해석학으로서 중국철학에서 논의되어야 할 주제이다. 그러나 경학은 동양문화권에서는 모든 주제에서 영향력을 가지고 있는 주제이며, 학문으로서 독자성과 독립성을 지닌 주제 분야이므로 독립적인 강으로 설정하는 것은 모순이 아니며, 분류원칙에서 동일한 주제는 동일

---

19) 네이버 국어사전. 〈http://krdic.naver.com/detail.nhn?docid=37257900〉. [cited 2009.06.30]

한 곳에 모이게 한다는 원칙에도 위배되지 않는다고 볼 수 있다.

KDC의 철학류의 개요를 살펴보면 <표 12-1>과 같다.

<표 12-1> 철학류의 개요

100	철학	150	동양철학, 사상
101	철학 및 이론의 효용	151	한국철학, 사상
102	잡저	152	중국철학, 사상
103	사전, 사전, 용어사전	153	일본철학, 사상
104	강연집, 수필집	154	동남 아시아 제국철학, 사상
105	연속간행물	155	인도철학, 사상
106	학회, 단체, 협회, 기관, 회의	156	중앙아시아 제국철학, 사상
107	지도법, 연구법 및 교육, 교육자료	157	시베리아 철학, 사상
108	총서, 전집, 선집	158	서남아시아 제국철학, 사상
109	철학사	159	아랍제국 철학, 사상
110	형이상학	160	서양철학
111	방법론	161	
112	존재론	162	미국철학
113	우주론 및 자연철학	163	북구철학
114	공간	164	영국철학
115	시간	165	독일, 오스트리아철학
116	운동과 변화	166	프랑스, 네덜란드철학
117	구조	167	스페인철학
118	힘과 에너지	168	이탈리아철학
119	물량과 질량	169	러시아철학
120	인식론, 인과론, 인간학	170	논리학
121	인식론	171	연역법
122	인과론	172	귀납법
123	자유 및 필연	173	변증법적 논리학
124	목적론	174	기호, 수리논리학
125	가치론	175	오류
126	철학적 인간학	176	삼단논법
127		177	가설, 가정
128		178	유추
129		179	논증, 설득
130	철학의 체계	180	심리학
131	관념론 및 연관철학	181	각론
132	비판철학	182	차이심리학
133	합리론	183	발달심리학
134	인문주의	184	이상심리학
135	경험론	185	생리심리학

136	자연주의		186	임상심리학
137	유물론		187	심령연구 및 비학, 초심리학
138	과학주의 철학		188	상법, 운명판단
139	기타		189	응용심리학 일반
140	경학		190	윤리학, 도덕철학
141	역류		191	일반윤리학 각론
142	서류		192	가정윤리
143	시류		193	국가 및 정치윤리
144	예류		194	사회윤리
145	악류		195	직업윤리 일반
146	춘추류		196	오락 및 경기윤리
147	효경		197	성윤리
148	사서		198	소비윤리
149			199	도덕훈, 교훈

12.2. 분류의 특수규정

실제 분류작업시 유의해야 할 사항들에 관한 100 철학류의 특수규정을 살펴보면 다음과 같다.

① KDC에서는 특정 철학자의 철학 저작집은 150 – 169.9 각국 철학 아래에 분류한다. 철학주제의 분류에 있어서 철학도서 전부를 각국 철학 아래의 철학자명 아래 일괄하여 집합시키는 방법과 주제에 의하여 분산하는 방법 중, DDC와 NDC, 미의회도서관에서는 특정인의 철학자의 철학도서를 한군데 모아서 그 철학 아래 집중시키는 방법을 취하고 있다.

② 분류표상에 기입되지 않는 철학자의 경우는 그 철학서가 그 철학자의 철학체계로 인정되는 것은 150 – 169.9 각국 철학의 그 사람이 속하는 학파에 분류한다.

예: 시지프스의 신화/Albert Camus 166.85(사르트르)

③ 110 – 119, 130 – 139에 포함되는 철학 이외에는 각각 그 주제 아래 분류한다.

예: 법철학입문/Gustav Radburch 360.1

④ 110 - 119, 130 - 139 이외의 철학자의 철학도서 또는 철학 이외의 특
수주제에 관한 저작은 그 주제 아래 분류한다. 예를 들어 철학상의 특
수주제인 논리학(170), 심리학(180), 윤리학(190)에 관한 저작은, 그 주
제 아래 각각 분류하며 법학, 정치학과 같이 철학 이외의 저작은 그
주제 아래 분류한다.

예: Logic / Georg Wilhelm Hegal 170(논리학)

법률철학 / Georg Wilhelm Hegel 360.1(법률이론)[20]

12.3. 분류 사례분석

(1) 해당 주제나 학문 분야에 분류

100 철학

여기에는 철학 사상일반의 저작을 분류하고, 특수주제의 철학은 그
주제하에 분류한다.

(예) 법철학

→ 360(법학) + - 01(표준구분: 철학 및 이론) = 360.1

교육철학

→ 370(교육학) + - 01(표준구분: 철학 및 이론) = 370.1

역사철학

→ 900(역사) + - 01(표준구분: 철학 및 이론) = 901

189 응용심리학 일반

특수주제에 응용된 것은 그 주제하에 분류한다.

(예) 법심리학

---

20) 한국도서관협회 한국십진분류법해설편집위원회 편. *op.cit.*, pp.62 - 63.

→ 360(법학) + 180(심리학) = 360.18(361.8 아님)

교육심리학

→ 370(교육학) + 180(심리학) = 370.18

종교심리학

→ 200(종교) + 180(심리학) = 201.8

196 오락 및 경기윤리

도서관에 따라 오락 및 경기윤리는 그 주제하에 분류할 수 있다.

(예) 야구윤리

→ 695.7

(2) 지역구분

169.9 기타 서양제국철학

150 – 169에 분류한 것을 제외하고 910 – 979와 같이 지역구분을 한다.

(예) 캐나다 철학

→ 169. 9(기타 서양제국철학) + (– 41)(지역구분: 캐나다) = 169.941

182.69 국가심리학

국민성을 포함한다.

지역구분표에 따라 세분한다.

(예) 우리나라 국민성

→ 182.69(국가심리학) + (– 11)(지역구분: 한국) = 182.6911

190.109 윤리학사, 윤리사상사

지역구분표에 따라 세분한다.

(예) 동양윤리학사

→ 190.109(윤리학사, 윤리사상사)+(－1)(지역구분: 아시아)
= 190.1091

(3) 국어구분

182.67 민족심리학

종족심리학을 포함한다.

710－799와 같이 구분한다.

(예) 일본민족심리학

→ 182.67(민족심리학)+(－3)(730 일본어에서 7을 제외한 나
머지 기호)=182.673

(유의할 사항) 민족심리학은 국어구분표에 따라 구분하며, 국가심
리학은 지역구분표에 따라 세분한다.

(4) 전주제구분

195.9 기타 전문직과 직업

000－999와 같이 주제구분을 한다.

(예) 교육자윤리

→ 195.9(기타 전문직과 직업)+370(교육학)=195.937

12.4. 분류 실습문제

① 現代 社會와 유교공동체주의

151(한국철학, 사상)+.5(본표추가세분: 조선시대) → 151.5

② 풍수사상의 이해

188.4(방위: 지상, 가상, 묘상, 인상)

③ 구조주의의 이론

139(기타 유물론)

④ 중국 윤리 사상사

190.109(윤리학사, 윤리사상사) + − 12(지역구분: 중국) → 190.10912

⑤ 성공하는 사람들의 7가지 습관

199.1(인생훈)

⑥ 느림과 비움(노자를 벗하여 시골에 살다)

152.222(노자)

⑦ 칸트의 형이상학 강의

165.21(칸트)

⑧ 아들러 상담 이론과 실제

186.3(상담 및 진단)

⑨ 성격심리학 이론과 연구

182.12(성격)

⑩ 티베트 마법의 서

187.1(마술, 주술) + − 09(표준구분: 역사) + − 128(지역구분: 티베트) →
187.109128

⑪ 꿈풀이 사전

181.383(꿈)＋－03(표준구분: 사전) → 181.38303

⑫ 한국심리학회

180(심리학)＋－0＋－06(표준구분: 학회, 단체, 협회, 기관, 회의) → 180.6

⑬ 대학생을 위한 철학 에세이

100(철학)＋－00＋－04(표준구분: 강연집, 수필집, 연설문집) → 104

⑭ 사대부의 시대: 주자학과 양명학 새롭게 읽기

151.5(조선시대)

⑮ 중국고대철학사

152.2(선진시대)

⑯ 서양 근현대 윤리학

190.109(윤리학사, 윤리사상사)＋－2(지역구분: 유럽) → 190.1092

⑰ 목민심서

151.58(실학파)

⑱ 동서양 고전

100(철학)

⑲ 몽테뉴 수상록

160.37(회의주의)

⑳ 삼강오륜의 현대적 조명
　190(윤리학)

▌제13장 200 종교

13.1. 특성 및 개요

종교는 "특정한 믿음을 공유하는 이들로 이루어진 사회집단과 그들이 가진 신앙체계에 관한 것"[21]으로 KDC는 종교류를 종교의 일반적이고 공통적인 내용을 주로 하는 비교종교학(210)과 이를 근간으로 한 각 종교(220-290)로 구분하고 있다. 즉 KDC는 비교종교를 210에 배정한 후에 우리나라와 관련이 깊은 종교, 한국 고유의 종교 또는 종교 상호간의 관계에 따라 각 종교를 8개 강목(220-280)에 배정하였다. 그리고 분류기호를 배정받지 않은 종교와 신흥 종교를 포함한 기타 제종교(290)를 배정하였다. 한편 종교에서 중요한 부분을 차지하고 있는 자연종교, 자연신학을 204에 배정하고, 신화, 신화학을 219에 배정하였다.

종교류의 요목은 종교공통구분이 적용되어 본표에 설정되어 있다. 따라서 각 종교의 제3위 요목의 구분은 동일하다. 그러나 세목의 내용은 종교에 따라 다르고, 그 전개 과정도 각기 특색을 지니고 있으므로 유의해야 한다. 따라서 KDC의 각 종교의 각 교파들 예를 들어 238, 248, 258 등도 종교공통구분표에 의해 세분할 수 있다.

KDC의 종교류의 개요를 살펴보면 <표 13-1>과 같다.

---

21) 위키백과. 〈http://ko.wikipedia.org/wiki/%EC%A2%85%EA%B5%90〉. [cited 2009.06.30]

200	종교	250	천도교
201	종교철학 및 종교사상	251	교의
202	잡저	252	교조, 교주
203	사전, 사전,	253	교전
204	자연과학, 자연신학	254	신앙록, 신앙생활
205	연속간행물	255	포교, 전도, 교육, 교화활동
206	학회, 단체, 협회, 기관, 회의	256	교단
207	지도법, 연구법 및 교육, 교육자료	257	의식, 행사
208	총서, 전집, 선집	258	동학교분파
209	종교사	259	단군교, 대종교
210	비교종교	260	
211	교리	261	
212	종조, 창교자	262	
213	경전, 성전	263	
214	종교신앙, 신앙록, 신앙(수도)생활	264	
215	선교, 포교, 전도, 교육활동	265	
216	종단, 교단(교당론)	266	
217	예배형식, 의식, 의례	267	
218	종파, 교파	268	
219	신화, 신화학	269	
220	불교	270	힌두교, 브라만교
221	불교교리	271	교리, 범사상
222	제불, 보살, 불제자	272	교조
223	경전(불전, 불경, 대장경)	273	베다, 우파니샤드
224	종교신앙, 신앙록, 신앙생활	274	신앙록, 신앙생활
225	포교, 교육, 교화활동	275	포교, 전도, 교육, 교화활동
226	사원론	276	
227	법회, 의식, 행사(의궤)	277	의식, 행사
228	종파	278	교파
229	라마교	279	자이나교
230	기독교	280	이슬람교(회교)
231	기독교신학, 교의학(조직신학)	281	교의
232	예수 그리스도, 사도	282	교조
233	성서	283	교전
234	종교신앙, 신앙록, 신앙생활	284	신앙록, 신앙생활
235	전도, 교육, 교화활동, 목회학	285	전도, 교육, 교화활동
236	교회론	286	사원
237	예배, 의식, 성례	287	근행, 계율
238	교파	288	교파
239	유태교	289	조로아스터교(요교, 배화교)

240	도교	290	기타 제종교
241	교의, 신선사상	291	아시아
242	교조, 개조(장도릉)	292	유럽
243	도장	293	아프리카
244	신앙록, 신앙생활	294	북아메리카
245	포교, 전도, 교육, 교육활동	295	남아메리카
246	사원론(도관)	296	오세아니아
247	행사, 법술	297	양극지방
248	교파	298	
249		299	기타 기원의 종교

13.2. 분류의 특수규정

실제 분류작업시 유의해야 할 사항들에 관한 200 종교류의 특수규정을 살펴보면 다음과 같다.

(1) 종교철학(201)

① 각 종교, 종파, 교파에 공통적인 주제를 철학적으로 고찰한 저작을 종교철학(201)에 분류한다. 예: 역사가의 종교관 201
② 철학적 관점에서 종교를 다룬 저작은 100 철학에 분류한다.
③ 각 종교, 종파, 교파의 철학적인 고찰은 각 종교, 종파, 교파(220 - 290)의 종교철학 아래 분류한다. 예: 불교철학 220.1, 기독교철학 230.1

(2) 연속간행물(205)

① 종교 일반에 관한 연속간행물은 205(연속간행물)에 분류한다. 예: 종교계 205

② 각 종교, 종파 및 각 종파의 교인이나 단체에서 발행하는 정기간행물로서 주제범위가 일반적인 것은 050 일반연속간행물 아래에 분류한다.

③ 주제범위가 각 종교, 종파, 교파로 한정된 저작은 각 종파에 분류한다. 예: 불교 연속간행물 220.5, 기독교사상 230.5, 가톨릭 청년 238.05

④ 특수주제에 관한 연속간행물은 그 주제 아래 분류한다. 예: 기독교교육 연속간행물 235.705

⑤ 종교계에서 발행하는 연속간행물은 취급하는 목적, 범위 및 연속간행물명 등이 분류기호의 결정요소가 된다.

(3) 지도법, 연구법 및 교육, 교육자료(207)

① 각 학교, 대학교 등 교육기관에서의 종교교육에 관한 저작 및 종교와 교육의 관계를 논한 저작은 370 교육 아래 분류한다.

② 각 종교의 대학, 대학원, 신학원 등의 정규 교육기관에 관한 저작은 각 종교에 분류한다.

③ 각 종교의 교회, 사찰, 교당 등에서 종교인(성도 및 교역자 등)의 신앙과 믿음을 위한 교육, 즉 교의문답이나 수련으로서의 전문적인 종교교육에 관한 저작은 각 종교, 종파 및 교파 아래에 분류한다. 예: 불교교육 225.7, 기독교교육 235.7, 유태교 종교교육 239.57[22]

(4) 종전, 교전(213)

① 종전, 교전, 경전(불경, 성서, 베다, 아베스타 등)에 나타난 지명을 연구한 저작(경전지지(經典地誌), 성서지리(聖書地理))는 그 종전, 교전과 함께 분류하고, 지지(地誌) 아래에 분류하지 않는다. 예: 기독교 성서

---

22) 한국도서관협회 한국십진분류법해설편집위원회 편. *op.cit.*, p.78.

지리 233.098

② 경전에 관계있는 지역의 기행문, 여행기는 그 지역의 지지에 분류하고, 경전에 분류하지 않는다.

③ 성지, 성소는 217(예배형식, 의식, 성례) 아래에 분류한다.[23]

(5) 종교신앙, 신앙록, 신앙(수도)생활(214)

① 한 종교에서 다른 종교로 개종(改宗)한 개인, 단체, 사원, 교회, 국민, 민족 등의 개종경로를 다룬 저작은 개종한 최후의 종교, 종파, 교파 아래에 분류한다.

② 성지순례기는 217.39(성지, 성소)에 분류하지 않고, 종교신앙, 신앙록, 신앙(수도)생활에 분류한다.

③ 각 종교의 성지순례기는 각 종교에 분류한다. 예: 기독교 성지순례기 234.8

(6) 종교포교, 전도활동, 교화활동(215)

① 특정 주제에 관한 설교집, 설법집은 저자의 신앙적 입장을 무시하고, 그 주제 아래 분류한다. 예: 종교인의 교육관계 설교 370

② 주제가 경전 또는 그 원문에 관한 설교집은, 설교적 성격이 뚜렷한 것을 제외하고 경전 아래 분류한다.

③ 주제가 각 종교, 종파, 교파의 교훈이나 설교인 것은 그 종교, 종파, 교파 아래에 분류한다.[24]

---

23) *Ibid.*, p.80.
24) *Ibid.*, p.81.

(7) 215.8(종교사회학)

① 종교사회학은 종교학과 사회학에 걸친 한 부분으로서, 종교현상을 근본적으로 사회적 사실로 보고, 그 성질, 기능을 연구하며, 종교와 사회와의 상호관계 또는 종교의 사회적 부문을 연구하는 학문이다. 따라서 종교와 정치, 사회, 기타 주제와의 관계는 215.8(종교사회학) 아래에 분류한다. 예: 종교의 사회복지활동 215.88

② 종교인, 신학자의 타 주제에 관한 저작은 그 주제 아래 분류한다: 말틴 루터의 정치론 340

③ 종교단체, 종파, 교회 등의 사회적 운동의 역할을 다룬 저작은 그 주제 아래 분류한다. 예: 이조문화에 대한 승려의 영향 911.05, 삼일운동에 대한 기독교의 영향 911.065

(8) 신화, 신화학(219)

① 신화에 관한 일반적인 저작은 219 신화, 신화학에 분류하고, 필요에 따라 지역구분을 한다. 예: 인도의 신화 219.15, 그리스 로마신화 219.21

② 종교의 신화적 근거는 210.1에 분류한다.

③ 신화와 전설을 함께 다룬 저작은 388.3(전설)에 분류한다.

④ 자연신화는 자연계의 사물, 현상이 성립한 기원, 상태, 활동 등을 종교적, 문화적으로 서술한 신화로서 211.12(자연숭배)에 분류한다.[25]

---

25) *Ibid.*, p.83.

13.3. 분류 사례분석

(1) 지역구분

219 신화, 신화학

신화의 기원, 의의, 기능 및 비교신화 등을 포함한다.

지역구분표에 따라 세분한다.

(예) 고대그리스신화

→ 219(신화, 신화학) + (−21)(지역구분: 그리스) = 219.21

로마신화

→ 219(신화, 신화학) + (−22)(지역구분: 로마) = 219.22

220.9 불교사

지역구분표에 따라 세분한다.

(예) 한국불교사

→ 220.9(불교사) + (−11)(지역구분: 한국) = 220.911

미얀마불교사

→ 220.9(불교사) + (−145)(지역구분: 미얀마) = 220.9145

230.9 교회사

지역구분표에 따라 세분한다.

(예) 한국기독교사

→ 230.9(교회사) + (−11)(지역구분: 한국) = 230.911

226.9 사지, 사적

특정 지방 또는 국가의 사찰사를 포함한다.

지역구분표에 따라 세분한다.

(예) 한국사지

    → 226.9(사지, 사적) + (− 11)(지역구분: 한국) = 226.911

중국사지

    → 226.9(사지, 사적) + (− 12)(지역구분: 중국) = 226.912

(유의할 사항) 각 종파의 사찰은 228에 분류한다.

---

228 종파
    각 종파 및 각 사찰에 관한 저작물을 포함한다.

235.65 외국선교

도서관에 따라 선교국을 지역구분표에 따라 세분할 수 있다.

필요에 따라 0을 부가하여 피선교국을 지역구분표에 따라 세분할
수 있다.

(예) 한국기독교의 해외선교

    → 235.65(외국선교) + (− 11)(지역구분: 한국) = 235.6511

한국 기독교의 중국선교

    → 235.65(외국선교) + (− 11)(지역구분: 한국) + 0(패싯기호) +
      (− 12)(지역구분: 중국) = 235.6511012

291.2 − .9 기타 아시아 각국

발상국에 따라 지역구분표 12 − 19와 같이 세분한다.

(예) 일본의 신도

    → 291(아시에 제 종교) + (− 3)(지역구분: 일본) = 291.3

292 − 297.9 기타 각국

발상국에 따라 지역구분표 2 − 79와 같이 세분한다.

(예) 인도종교

    → 290(기타 제 종교) + (− 15)(지역구분: 인도) = 291.5

그리스종교

→ 290(기타 제 종교)+(-21)(지역구분: 그리스)=292.1

(유의할 사항) 한국을 제외한 기타 아시아 각국이나 기타 각국
의 신흥종교는 지역구분표에 따라 세분한다.

(2) 국어구분

233.077 현대 각국어 성서

도서관에 따라 710-799와 같이 구분할 수 있다.

(예) 한국어 성서

→ 233.077(기본기호)+1(710에서 7을 제외한 나머지 기호)=
233.0771

영어 성서

→ 233.077(기본기호)+4(740에서 7을 제외한 나머지 기호)=
233.0774

(3) 종교공통구분

240 도교

도서관에 따라 211-218과 같이 세분할 수 있다.

(유의할 사항) 도교(240), 천도교(250), 힌두교, 브라만교(270), 이슬람
교, 회교국가(280), 290(기타 제 종교) 모두 "도서관에
따라 211-218과 같이 세분할 수 있다"고 명시되어
있다.

(예) 천도교 교전

→ 250(천도교)+3(213 경전, 성전에서 21을 제외한 나머지)=253

290 기타 제종교

신흥종교, 유사종교 등을 포함한다.

발상국에 따라 지역구분표에 따라 세분한다.

각 종교의 유사종교는 그 종교 아래에 분류한다.

도서관에 따라 211－218과 같이 세분할 수 있다.

(예) 일본의 신도(神道)

　　→ 290(기타 제종교)－0＋－13(지역구분: 일본)

　　　　＝291.3

(예) 불교 유사종교

　　→ 228.9(기타 종파)

　　　기독교 유사종교

　　→ 238.9(기타 기독교 분파)

(예) 증산도 교리

　　→ 291.12(증산도)＋1(종교공통구분: 교리)

　　　　＝291.121

(4) 특수주제구분

215.82 종교와 사회의 관계

　　도서관에 따라 331－337과 같이 구분할 수 있다.

　　(예) 종교와 사회문제

　　　→ 215.82(기본기호)＋4(사회문제: 334에서 33을 제외한 나머

　　　지 기호)＝215.824

　　(유의할 사항) 종교와 사회의 관계에 관한 문헌은 215.82에 분류

　　　　　　　　하도록 하고 있다. 또한 불교와 사회의 관계 그리

　　　　　　　　고 기독교와 사회의 관계에서도 이러한 조기성이

적용되고 있다. 이와 관련된 KDC의 해당 분류기호
와 주기를 보면 다음과 같다.

225.82 불교와 사회의 관계
　　　도서관에 따라 331 - 337과 같이 구분할 수 있다.

235.82 기독교와 사회의 관계
　　　도서관에 따라 331 - 337과 같이 구분할 수 있다.

(예) 불교와 사회문제

　　→ 225.82(기본기호) + 4(사회문제: 334에서 33을 제외한 나머
　　지 기호) = 22.824

(예) 기독교와 사회문제

　　→ 235.82(기본기호) + 4(사회문제: 334에서 33을 제외한 나머
　　지 기호) = 235.824

224.17 불교윤리

192 - 198과 같이 세분한다.

(예) 불교인의 가정윤리

　　→ 224.17(기본기호) + 2(192 가정윤리에서 19를 제외한 나머
　　지 기호) = 224.172

234.1 기독교윤리

192 - 198과 같이 세분한다.

(예) 기독교의 가정윤리

　　→ 234.17(기본기호) + 2(192 가정윤리에서 19를 제외한 나머
　　지 기호) = 234.172

(참고사항) 불교 및 기독교와 관련된 윤리는 192(가정윤리), 193(국
　　　　　가 및 정치윤리), 194(사회윤리), 195(직업윤리 일반),
　　　　　196(오락 및 경기윤리), 197(성윤리), 도덕훈, 교훈(199)

등의 윤리학의 세구분을 적용하여 세분한다.

225.88 불교 사회복지사업

일반 대중에 대한 사회복지 및 자선사업에 의한 교화활동 등을 포함한다.

도서관에 따라 338.1 － .9와 같이 세분할 수 있다.

(예) 불교 아동복지사업

→ 225.88(기본기호) ＋ 5(338.5 아동복지사업에서 338 다음의 기호) ＝ 225.885

235.88 기독교 사회복지사업

지역사회에 대한 복지 및 자선사업에 의한 교화활동 등을 포함한다.

도서관에 따라 338.1 － .9와 같이 세분할 수 있다.

(예) 기독교 아동복지사업

→ 235.88(기본기호) ＋ 5(338.5 아동복지사업에서 338 다음의 기호) ＝ 235.885

(참고사항) 불교 및 기독교와 관련된 사회복지사업은 338.1(사회사업)에서부터 338.9(지역사회복지사업)의 세구분을 적용하여 세분한다.

233.1 구약성서

.101 － .1099 구약성서의 일반원칙

도서관에 따라 233.01 － .099와 같이 세분할 수 있다.

(예) 구약성서의 신학

→ 233.1(기본기호) ＋ 01(233.01 성서신학 및 이론에서 233을 제외한 나머지 기호) ＝ 233.101

233.01 성서신학 및 이론
.017 성서의 기원론
.03 성서사전 및 사전
.034 용어색인
.06 성서학회, 단체, 회의
.07 성서어학 및 성서본문(성경)
.071 수 개 국어 대역서
.077 현대 각국어 성서
.08 성서 해석학 및 성서주석
.087 성서주석(주해)
.088 성서와 타 주제와의 관계
.09 성서역사
.098 성서지리
.099 성서인물전기

233.5 신약성서

.5101 – .5099 구약성서의 일반원칙

도서관에 따라 233.01 – .099와 같이 세분할 수 있다.

(예) 신약성서의 신학

→ 233.5(기본기호) + 01(233.01 성서신학 및 이
론에서 233을 제외한 나머지 기호) = 233.501

(예) 한국어 현대신약성서

→ 233.5(기본기호) + 077(233.077 현대 각국어
성서) + 1(한국어: 국어구분) = 233.50771

233.077 현대 각국어 성서
도서관에 따라 710 – 799와 같이 구분할 수 있다.

(5) 양자택일

230.99 전기

도서관에 따라 998 아래에 분류할 수 있다.

도서관에 따라 지역 구분표에 따라 세분할 수 있다.

(예) 한국기독교인전

    → 230.99(기본기호)+(-11)(지역구분: 한국)=230.9911

    → 998(주제별전기)+230(기독교)=998.23

(예) 고승전, 승니의 전기

    → ① 220(불교)+-099(표준구분: 전기)=220.99

    → ② 양자택일: 998(주제별전기)+220(불교)=998.22

(참고사항) 불교의 고승이나 승니(僧尼)의 전기의 경우, 220에 제시되어 있지 않으나, 230.99(기독교의 전기)를 적용하여 두 가지 방식으로 분류할 수 있다.

13.4. 분류 실습문제

① 간추린 인도불교사

220.9(불교사)+-15(지역구분: 인도) → 220.915

② 불교 재해구호사업

225.88(불교 사회복지사업)+2(338.2[재해구호사업]에서 338 다음의 기호) → 225.882

③ 크리스천 대전(大典)

230(기독교)-0+-03(표준구분: 사전) → 230.3

④ 현대 한국어 구약성서

233.1(구약성서)+077(233.077[현대 각국어 성서]에서 233 다음의 기호)+11(711[한국어]에서 7 다음의 기호) → 233.10771

⑤ 성서와 예술

233.088(성서와 타 주제와의 관계)＋600(예술) → 233.0886

⑥ 기독교의 소수민족 교육

235.737(특수교육부)＋3(379.3[다문화교육]에서 359 다음의 기호) →
235.7373

⑦ 세계 7대 종교

210(비교종교)

⑧ 한국 YMCA 운동

230(기독교)＋－0＋－06(표준구분: 학회, 단체, 협회, 기관, 회의) → 230.6

⑨ 요한복음 속 7가지 기적의 진리

233.67(기적)

⑩ 종교철학 논문전집

201(종교철학 및 종교사상)＋－08(표준구분: 총서, 전집, 선집) → 201.08

⑪ 탈무드

239.3(탈무드)

⑫ 대순진리의 신앙과 목적

291.13(대순진리교)＋－4(종교공통구분: 신앙, 신앙생활) → 291.134

⑬ 예수를 깨운 사람들(설교집)

235.2(설교)

⑭ 거꾸로 읽는 그리스 로마신화

219(신화, 신화학) + − 21(고대 그리스) → 219.21

⑮ 성경 핸드북

233(성경) + − 021(표준구분: 편람, 핸드북, 포켓북) → 233.021

⑯ 50권본 화엄경 연구

223.55(화엄경)

⑰ (동남아를 중심으로 한) 선교·문화·커뮤니케이션

235.65(외국선교) + − 14(지역구분: 동남아시아) → 235.6514

⑱ 한국 종교의 의식과 예절

217(예배형식, 의식, 의례) + − 09(표준구분: 역사) + − 11(지역구분: 한국)

→ 217.0911

⑲ 성경해석학

233.08(성서 해석학 및 성서주석)

⑳ 한국 명승 법어록

220(불교) − 0 + 42(종교공통구분: 신앙생활 중의 법어) → 224.2

▌제14장 300 사회과학

14.1. 특성 및 개요

사회과학은 "사회현상을 지배하는 객관적 법칙을 해명하려는 경험 과학을 통틀어 이르는 말"[26]로서 연구 대상에 따라 사회학, 정치학, 경제학, 역사학 등으로 나뉜다. KDC의 사회과학류는 통계학(310), 경제학(320), 사회학·사회문제(330), 정치학(340), 행정학(350), 법학(360), 교육학(370), 풍속·민속학(380), 국방·군사학(390) 등으로 구성되어 있다. 유의해야 할 사항은 300류에 사회과학의 전 분야가 포함되어 있지 않다는 점이다. 즉 일반적으로 사회과학의 범주로 인식되는 문헌정보학(020), 신문·언론·저널리즘(070), 심리학(180), 역사(900)는 각각 다른 유에 분류된다.

KDC의 사회과학류의 강목의 배열순서는 미국의회도서관분류법(LCC)의 영향을 받았으며 풍속·민속학(380), 국방·군사학(390)은 NDC와 동일하다.

KDC의 사회과학류의 개요를 살펴보면 <표 14-1>과 같다.

---

26) 네이버 백과사전. 〈http://100.naver.com/100.nhn?docid=84723〉. [cited 2009.06.30]

300 사회과학	350 행정학
301 사회사상	351 아시아 중앙행정 및 행정부
302 잡저	352 유럽 중앙행정 및 행정부
303 사전, 사전	353 아프리카 중앙행정 및 행정부
304 강연집, 수필집, 연설문집	354 북아메리카 중앙행정 및 행정부
305 연속간행물	355 남아메리카 중앙행정 및 행정부
306 학회, 단체, 협회, 기관, 회의	356 오세아니아 중앙행정 및 행정부
307 연구법, 연구방법 및 교육, 교육자료	357 양극지방 중앙행정 및 행정부
308 총서, ′전집, 선집	358
309 정치, 경제, 사회, 문화사정 및 역사	359 지방자치 및 지방행정
310 통계학	360 법학
311 아시아	361 국제법
312 유럽	362 헌법
313 아프리카	363 행정법
314 북아메리카	364 형법
315 남아메리카	365 민법
316 오세아니아	366 상업
317 양극지방	367 사법제도 및 소송법
318	368 기타 제법
319 인구통계	369 각국 법 및 예규
320 경제학	370 교육학
321 경제각론	371 교육정책 및 행정
322 경제정책	372 학교행정 및 경영, 보건 및 교육지도
323 산업경제 일반	373 학습지도, 교육방법
324 기업경제	374 교육과정
325 경영	375 유아 및 초등교육
326 상업, 교통, 통신	376 중등교육
327 금융	377 대학, 전문, 고등교육
328 보험	378 사회교육
329 재정	379 특수교육
330 사회학, 사회문제	380 풍속, 예절, 민속학
331 사회학	381 의식주의 풍습
332 사회조직 및 제도	382 가정생활의 풍습
333	383 사회생활의 풍습
334 사회문제	384 관혼상제
335 생활문제	385 예절
336	386 축제, 세시풍속
337 여성문제	387 전쟁풍속
338 사회복지	388 민속학
339 사회단체	389 문화인류학

340 정치학	390 국방, 군사학
341 국가형태	391 군사행정
342 국가와 개인 및 집단	392 전략, 전술
343	393 군사교육 및 훈련
344 선거	394 군사시설 및 장비
345 입법	395 군특수기술근무
346 정당	396 육군
347	397 해군
348	398 공군
349 외교, 국제관계	399 고대병법

14.2. 분류의 특수규정

실제 분류작업시 유의해야 할 사항들에 관한 300 사회과학류의 특수규정
을 살펴보면 다음과 같다.

(1) 경제학파 및 각 학파의 학설(320.13 - .189)

경제학파 및 각 학파의 학설에는 320.13 - .189에 속하는 각 경제학자의
경제에 관한 저작, 학설, 경제사상 및 그것들에 대한 연구서 및 비평서 등을
분류한다.
　예: 케인스 경제학 / A. H. 헨슨 320.185, 케인스 동태경제학 / K. K. 그리
　　　하라 320.185, 국부론과 현대 경제학 / 최민기 320.15, 마샬 경제학과
　　　현대사상 / A. C. Piguo 320.185[27)]

---

27) 한국도서관협회 한국십진분류법해설편집위원회 편. *op.cit.*, p.102.

(2) 각국 이민(331.371 - .3779)

① 이민을 다룬 저작은 이민의 도착지(수입국)의 이민에 분류하고, 필요에 따라 0을 부가하여 이민의 출발국을 지역구분할 수 있다.

    예: 한국인의 브라질 이민 331.3753011

② 한 국가에서 수 개의 다른 국가로 이민을 하게 된 주제를 다룬 저작은 원주국(출발국)의 이민 아래에 분류한다.

    예: 한국인의 유이민 331.3711, 영국인의 북미주이민 331.3724

(3) 각국 외교(349.1 - .79)

① 양국 간의 외교관계를 다룬 저작으로서 특수주제에 한정되지 않은 저작은 저자가 양국 중의 한 국민인 경우 또한 한 국가의 공적 간행물인 경우, 저자가 속한 나라 또는 그 정부 아래에 분류한다.

    예: 한일 현안타개의 기본문제 349.11013, 한일회담 설명서 349.11013, 한일 회담백서 349.11013, 일미외교비사 349.13042

② 양국 간의 외교관계로 저자의 관점이 확실치 않고, 저자가 제3국의 사람인 경우는, 표제의 처음에 나오는 나라의 외교관계에 분류한다.

③ 한 지방을 둘러싼 두 나라 간의 외교관계를 다룬 저작은 양 국가간의 외교로서 분류하고, 그 지방에 분류하지 않는다.

    예: 영국과 중국의 西藏문제교섭사 349.24012 (349.28024 아님)

(4) 조약집(361.02)

전쟁 중 또는 종전시에 조인한 조약은, 그 전쟁의 역사 아래 분류한다.

(5) 학습평가(373.7)

특수주제의 시험에 관한 저작 및 시험자체는 초·중·고등학교는 그 해당 학교의 각 과 교육(375.4(초등교육과정), 376.54(중학교육과정), 376.64(고등학교교육과정)) 아래 분류하고, 대학교는 그 주제 아래에 분류한다.

　예: 중학교국어과목의 평가방법 376.5471

　　　대학국어시험 710.77 또는 710.7

(6) 전략, 전술(392)

① 전쟁기록으로 사실에 충실한 저작은 900(역사) 아래에 분류한다.

　　예: 임진왜란사 911.0553

② 전쟁보도나 기록문학적인 저작은, 기록된 국어의 문학(810 – 890) 아래 분류한다.

③ 한 전쟁의 전술 전략의 기록이나 역사로서 순군사적 입장에서 분석하는 것은 392.19 전쟁사에 분류한다.

④ 한 전쟁에 참전한 한 지방(예: 도, 시, 읍) 출신의 군인에 대한 총전적 (叢傳的) 기술자료 또는 총전은 그 전쟁 아래 분류한다.

　　예: 남북전쟁 시의 일리노이 주 출신 장교총전 942.06

⑤ 한 전쟁 중 한 지방에서 수행한 역할의 역사는 그 전쟁 아래 분류한다. 예를 들면, 임진왜란 중에 전라도민이 한 역할은 임진왜란(911.0553) 에 분류하고, 지방사(911.9)에 분류하지 않는다.

⑥ 전쟁기념물로, 한 전쟁 또는 한 전쟁 중의 특수전투에 관한 기념물, 기념비, 전적 등을 다룬 저작은 전쟁 아래 분류한다. 예: 한산대첩비 911.0553[28]

---

28) *Ibid.*, p.154.

14.3. 분류 사례분석

(1) 해당 주제나 학문 분야에 분류

360.0023 법령집, 판례집

특수주제의 법령집과 판례집은 그 주제하에 분류한다.

(예) 헌법집

→ 362(헌법) + 0(패싯기호) + (−023)(표준구분: 법령 및 규정) = 362.0023(표준구분은 360.002 − .009이므로)

민법판례집

→ 365(민법) + 0(패싯기호) + (−023)(표준구분: 법령 및 규정) = 365.0023

(2) 지역구분

319.09 각국 인구통계

지역구분표에 따라 세분한다.

(예) 중국인구통계: 319.09 + (−12)(지역구분: 중국) = 319.0912

한국인구통계: 319.09 + (−11)(지역구분: 한국) = 319.0911

322.83 경제협력, 경제원조

대외경제정책, 후진국개발, 배상문제, 국가 간 경제협력 차원의 기술이전, 경제협력체제 및 기구 등을 포함한다.

지역구분표에 따라 세분한다.

필요에 따라 0을 부가하여 수혜국 및 피원조국을 지역구분표에 따라 세분할 수 있다.

(예) 미국의 경제원조: 322.83 + (− 42)(지역구분: 미국) = 322.8342

미국의 대일경제원조: 322.83 + (− 42)(지역구분: 미국) + 0(패싯기호) + (− 13)(지역구분: 일본) = 322.8342013

한불경제협력: 322.83 + (− 11)(지역구분: 한국) + 0(패싯기호) + (− 26)(지역구분: 프랑스) = 322.8311026

322.88 수혜국 및 피원조국 경제사정

여기에는 수 개국으로부터의 일지역 또는 일국가에 대한 경제원조 등을 포함한다.

지역구분표에 따라 세분한다.

(예) 독일에 대한 각국 원조

→ 322.88(기본기호) + (− 25)(지역구분: 독일) = 322.8825

361.3 국제조약

조약의 성립, 효력발생, 유효 기간, 소멸 등을 포함한다.

지역구분표에 따라 세분한 후 0을 부가하여 상대국을 지역구분표에 따라 세분한다.

특수주제의 조약은 그 주제하에 분류한다.

(예) 한미조약집

→ 361.3(기본기호) + (− 11)(지역구분: 한국) + 0(패싯기호) + (− 42)(지역구분: 미국) = 361.3111042

(예) 국제통신조약

→ 326.419

349.1 − .79 각국 외교

외교정책, 외교문서, 외교사 등을 포함한다.

지역구분표에 따라 세분한다.

2개 국가의 외교관계는 0을 부가하여 대상국을 지역구분표에 따라 세분한다.

특정국가의 시대 및 전쟁외교사는 그 국가의 시대사 및 전쟁사에 분류한다.

(예) 미국외교사

→ 349(기본기호) + (− 42)(지역구분: 미국) = 349.42

한미외교관계

→ 349(기본기호) + (− 11)(지역구분: 한국) + 0(패싯기호) + (− 42)(지역구분: 미국) = 349.11042

351 − 357 각국 중앙행정

각국 행정부 조직 및 고대관제(古代官制) 등을 포함한다.

지역구분표 12 − 79와 같이 구분하고, 각국 중앙행정조직 및 행정은 350.1 − .8과 같이 세분한다.

(예) 중국외교부

→ 35(기본기호) + (− 12)(지역구분: 중국) + 23(350.23 외교, 통일 관련 부처에서 350 나머지 기호) = 351.223

미국대통령

→ 35(기본기호) + (− 42)(지역구분: 미국) + 21(350.21 대통령직에서 350을 제외한 나머지 기호) = 354.221

영국 공무원제도

→ 35(기본기호) + (− 24)(지역구분: 영국) + 31(350.31 공무원제도에서 350을 제외한 나머지) = 352.431

독일 외무부

→ 35(기본기호) + 25(지역구분: 독일) + 23(350.23 외교 · 통일 관련부처에서 350을 제외한 나머지 기호) = 352.523

359.1 − .79 각국 지방자치 및 행정 일반

각국의 지방행정 조직 및 단위 등을 포함한다.

지역구분표에 따라 세분하고, 각국 지방자치 및 지방행정은
359.01 - .08과 같이 세분한다.

(예) 뉴욕시정 경영보고서

→ 359(기본기호) + (- 422 1)(지역구분: 뉴욕) + 01(359.01
지방행정관리) + 61(350.161: 외부전문가의 활용) =
359.422101/61

서울시 공무원 교육, 훈련

→ 359(기본기호) + (- 116)(지역구분: 서울시) + 03(359.03
(지방인사행정) + (7(350.37 훈련 및 교육) = 359.11603/7

```
359.01 지방행정관리
       350.12 - .18과 같이 세분할 수 있다.
```

```
359.02 지방행정조직
       350.23 - .28과 같이 세분할 수 있다.
```

```
359.03 지방인사행정
       350.31 - 37과 같이 세분할 수 있다.
```

388.1 민속문학

구비문학, 설화, 전설, 무가 등을 포함한다.

지역구분표에 따라 세분한다.

(예) 남미전설

→ 388.1(기본기호) + (- 5)(지역구분: 남미) = 388.15

388.6 민속언어

속담, 수수께끼, 속신어, 은어, 욕설, 사투리 등을 포함한다.

지역구분표에 따라 세분한다.

(예) 일본속담

→ 388.6(기본기호) + (- 13)(지역구분: 일본) = 388.613

(3) 전주제구분

374 교육과정

교육과정 개발, 교육과정 평가, 각 과 교육, 이론, 교육과정, 경험중심
과정론 및 교과서, 교과서문제 등을 포함한다.

001 - 999와 같이 주제구분을 한다.

도서관에 따라 각 과 교육 아래에서는 0을 붙여 373.1 - .78과 같이
세분할 수 있다.

각급 학교의 각 과 교육과정은 그 학교하에 분류한다.

(예) 수학교육과정

→ 374(기본기호) + 41(410: 수학) = 374.41

(예) 수학교육평가

→ 374(기본기호) + 41(410: 수학) + 0(패싯기호) + 7(371.7 학습평
가) = 374.4107

(예) 영어교육과정의 시청각 교육

→ 374(기본기호) + 74(영어) + 0(패싯기호) + 32(373.32 시청각교육
에서 373 다음의 기호) = 374.74032

375.4 초등교육과정

각 과 교육, 교과서 등을 포함한다.

001 - 999와 같이 주제구분을 한다.

(예) 초등학교 사회생활과교육

→ 375.4(기본기호) + 3(300: 사회과학) = 375.43

초등학교 자연과교육과정

→ 375.4(기본기호) + 4(400: 자연과학) = 375.44

(4) 특수주제구분

371.1 – .5 일반교육행정

    350.1 – .5와 같이 세분한다.

    (예) 교직원의 사회적 지위

        → 371(기본기호) + 31(350.31 공무원제도에서 350 다음의

           기호) = 371.31

    (예) 교직연수

        → 371(기본기호) + 37(350.37 훈련 및 교육에서 350 다음의

           기호) = 371.37

(5) 양자택일

368 기타 제법

    특수법률 및 법령은 그 주제하에 분류한다.

    도서관에 따라 – 023(법령 및 규정)을 첨가할 수 있다.

    특수법을 한곳에 모을 필요가 있는 도서관에서는 368 다음에 0을 부가가호 001 – 999와 같이 주제구분을 할 수 있다.

    (예) 교통법

        ① 해당 주제 아래에 분류 → 326.3(교통) + (– 023)(표준구분: 법령

           및 규정) = 326.3023

        ② 양자택일 → 368(기본기호) + 0(패싯기호) + 326.3(교통) = 368.03263

           도서관법

        ① 해당 주제 아래에 분류 → 020(교통) + (– 023)(표준구분: 법령

           및 규정) = 020.23

        ② 양자택일 → 368 + 0(패싯기호) + 020(문헌정보학) = 368.002

           교육법

① 해당 주제 아래에 분류 → 370(교육학) + (− 023)(표준구분: 법령 및 규정) = 370.23

② 양자택일 → 368(기본기호) + 0(패싯기호) + 370(교육학) = 368.037

323 산업경제 일반

1차 산업경제 일반을 포함한다.

특수 산업경제는 그 주제하에 분류한다.

도서관에 따라 특수 산업경제는 323.2 − .8을 520 − 589와 같이 세분하여 이에 분류할 수도 있다.

(예) 농업경제

　　① 해당 주제 아래에 분류

　　　　→ 522

　　② 323.2 − .8을 세분하여 분류

　　　　→ 323(기본기호) + 2(520 농학에서 5 다음에 오는 기호) = 323.2

350.47 시험문제집

001 − 999와 같이 주제구분을 한다.

도서관에 따라 각 주제하에 분류할 수 있다.

(예) 기술고시 문제집

　　① 전주제구분

　　　　→ 350.47(기본기호) + 530(공학) = 350.4753

　　② 각 주제하에 분류

　　　　→ 530(공학) + (− 077)(표준구분: 각종시험, 자격증) = 530.077

14.4. 분류 실습문제

① 한국 인구주택 총 조사 보고서

319.09(각국 인구통계) + − 11(지역구분: 한국) → 319.0911

② 베트남 주요 경제사회지표(통계청)

310(통계학) − 0 + − 141(지역구분: 베트남) → 311.41

③ 국민소득 국제비교

321.82(국민총생산, 국민소득)

④ FTA의 이해

326.29(다자간 통상조약 및 기구)

⑤ 한중 외교관계와 조공책봉

349(국제문제: 349.1 − .79 각국 외교) + − 11(지역구분: 한국) + 0(패싯
지시기호) + − 12(지역구분: 중국) → 349.11012

⑥ 건축법

368(기타 제법) + 0(패싯지시기호) + 54(건축공학) → 368.054

540(건축공학) + − 023(표준구분: 법령 및 규정) → 540.023

⑦ 교육통계

370(교육학) + − 0 + − 025(제표, 사물목록, 도보, 도감) → 370.025

⑧ 사회조사방법론

300(사회과학) + − 00 + − 073(표준구분: 연구방법론) → 307.3

⑨ 한국 철도 건설 100년사

326.34(철도운송) + −09(표준구분: 역사) + −11(지역구분: 한국) → 326.340911

⑩ 박정희시대와 한국현대사

340.9(정치사 및 정치사정) + −11(지역구분: 한국) → 340.911

⑪ 담양군 마을굿

388.2(민간신앙) + −09(표준구분: 역사) + −11196(담양군) → 388.20911196

⑫ (정답이 씩 웃는) 기출경찰형법

364(형법) + 0 + −077(각종 시험, 면허증) → 364.0077(364.077 아님)

⑬ 정치학 개론

340(정치학) + −0 + −01(표준구분: 철학 및 이론) → 340.1

⑭ 인터넷과 법

326.4(통신, 우편) + −023(표준구분: 법령 및 규정) → 326.4023

⑮ 서양교육사

370.9(교육사) + −2(지역구분: 유럽) → 370.92

⑯ 한국의 노동운동

321.57(노동조합) + −09(표준구분: 역사) + −11(지역구분: 한국) →
321.570911

⑰ 미일통상협상

326.29(국가 간 통상조약) + −42(지역구분: 미국) + 0(패싯지시기호) +
−13(지역구분: 일본) → 326.2942013

⑱ 교육학 용어사전

370(교육학) + −0+ −034(표준구분: 용어집, 용어연구, 술어, 명명법, 약어집) → 370.34

⑲ 한국 무교의 이해

388.2(민간신앙)

⑳ 한국교육정책의 과제와 전망

371.01(교육정책) + −09(표준구분: 역사) + −11(지역구분: 한국) → 371.010911

▌제15장 400 자연과학

15.1. 특성 및 개요

자연과학은 "자연현상을 연구대상으로 하는 과학으로 검증을 통해 연역적으로 가능한 한 객관적으로 탐구하는 활동"[29]을 의미한다. 좁은 의미의 자연과학에는 자연현상 그 자체의 법칙을 탐구하는 수학·물리학·화학·생물학·지구 과학 등이 포함되며, 넓게는 자연현상을 실생활에 응용함을 목적으로 하는 공학·농학·의학 등이 포함된다.

KDC의 자연과학류는 협의의 자연과학 분야가 포함되어 있다고 볼 수 있으며, 제5판 개정시 순수과학이 자연과학으로 명칭변경되었다.

자연과학류는 크게 두 부분으로 나뉘는데, 전반부는 자연과학의 여섯 개 분야, 수학(410), 물리학(420), 화학(430), 천문학(440), 지학(450), 광물학(460)이 배정되어 있다. 후반부는 생물학 분야로서 생명과학(470), 식물학(480), 동물학(490)으로 나뉜다.

KDC의 자연과학류의 개요를 살펴보면 <표 15-1>과 같다.

---

29) 위키백과. 〈http://ko.wikipedia.org/wiki/%EC%9E%90%EC%97%B0%EA%B3%BC%ED%95%99〉. [cited 2009.06.30]

400	자연과학		450	지학
401	과학철학, 과학이론		451	지구물리학
402	잡저		452	지형학
403	사전(辭典), 사전(事典)		453	기상학, 기후학
404	강연집, 수필집, 연설문집		454	해양학
405	연속간행물		455	구조지질학
406	학회, 단체, 기관, 회의		456	지사학
407	지도법, 연구법 및 교육, 교육자료		457	고생물학(화석학)
408	전집, 총서		458	응용지질학 및 광상학
409	과학사 및 지역구분		459	암석학
410	수학		460	광물학
411	산수		461	원소광물
412	대수학		462	황화광물
413	확률론, 통계수학		463	할로겐화광물
414	해석학		464	산화광물
415	기하학		465	규산 및 규산염광물
416	위상수학		466	기타 산화물을 포함한 광물
417	삼각법		467	유기광물
418	해석기하학		468	
419	기타 산법		469	결정학
420	물리학		470	생명과학
421	고체역학		471	인류학(자연인류학)
422	유체역학		472	생물학
423	기체역학		473	생명론, 생물철학
424	음향학, 진동학		474	세포학(세포생물학)
425	광학		475	미생물학
426	열학		476	생물진화
427	전기학 및 전자학		477	생물지리학
428	자기		478	현미경 및 현미경검사법 일반
429	현대물리학		479	생물채집 및 보존
430	화학		480	식물학
431	이론화학과 물리화학		481	일반식물학
432	화학실험실, 기기, 시설		482	은화식물
433	분석화학		483	엽상식물
434	합성화학일반		484	조균류
435	무기화학		485	현화식물, 종자식물
436	금속원소와 그 화합물		486	나자식물

437	유기화학	487	피자식물
438	환상화합물	488	단자엽식물
439	고분자화합물과 기타 유기물	489	쌍자엽식물
440	**천문학**	**490**	**동물학**
441	이론천문학	491	일반 동물학
442	실지천문학	492	무척추동물
443	기술천문학	493	원생동물, 해면동물, 자포동물
444		494	연체동물, 의연체동물
445	지구	495	절지동물, 곤충류
446	측지학	496	척색동물
447	항해천문학	497	어류, 양서류, 파충류
448	역법, 측시법	498	조류
449	각국력	499	포유류

15.2. 분류의 특수규정

실제 분류작업시 유의해야 할 사항들에 관한 400 자연과학류의 특수규정을 살펴보면 다음과 같다.

(1) 과학적 조사탐험기

① 물리학, 천문학, 지학, 광물학, 생명과학 등 여러 주제를 함께 다룬 과학적 조사, 탐험, 보고, 기행 등은 980 지리에 분류하지 않고 여기에 분류한다. 예: 제주도 탐사보고서 409.81199, 남극탐험조사기 409.878, 알래스카 탐험기 409.84298

② 일반적이며 통속적인 탐험기 또는 인문지리와 자연지리를 함께 다룬 탐험기는 여기에 분류하지 않고, 980.29 탐험기에 분류하며, 특정 지역의 탐험기는 981 – 988 각국 지리에 분류한다. 예: 아프리카 탐험기 983.029[30]

(2) 지구(445)

① 천체로서의 지구와 지구과학(450)에서의 지구는 다르게 분류한다. 즉 전자는 천문학적 관점에서의 지구이며, 후자는 지구 자체를 연구하는 과학이다.

(3) 지형학(452)

① 지형학은 침식과 침전 등에 의한 지형의 변형 및 생성을 연구하는 학문이다. 지구의 육지나 물속, 공중의 세계에 관한 과학적 연구와 이곳에 살고 있는 야생 동식물과 같은 자연적 환경을 포괄적으로 다루는 자연지리학 일반은 지형학에 분류한다.

② 인정, 풍속, 산물 등 인문현상을 지리적 혹은 일반적으로 다루는 인문지리학은 980(지리)에 분류하고, 특수 주제에 한정된 자연지리학은 해당 주제 아래 분류한다. 예를 들어 바닷물에 관한 연구와 그곳의 자연적 환경에 관한 연구는 454(해양학)에 분류하고, 바닷속에서 서식하는 동식물에 대한 분포와 환경에 대해서는 477.3(해양생물학)에 분류한다.[31]

(4) 기상학, 기후학

① 기상학은 대기의 특성과 현상을 묘사하고 분석함으로써 기후와 날씨를 설명하는 학문이다. 따라서 특정 대기현상을 기술한 저서는 기상학에 분류한다.

② 대기의 특성과 현상을 대기의 다음 4가지 측면으로 한정하여 연구한

---

30) 한국도서관협회 한국십진분류법해설편집위원회 편. *op.cit.*, p.157.

31) *Ibid.*, p.170.

저서는 기후학(453.9)에 분류한다.

- 대기의 전체 기상학적 현상을 장단기로 기술
- 특정 기상학적 현상을 예측
- 소지역의 기후나 기상을 연구(453.92)
- 특정 기상학적 현상을 변경시키는 기술

예를 들어 강우보고(453.77), 강우예측(453.918)과 같이 전체적인 대기 현상을 일반적으로 기술한 저서는 기후학에 분류한다.

③ 특수산업 분야에서 응용된 기상학을 다룬 저작은 그 주제 아래 분류한다. 예: 항공기상학(558.324), 의료기상학(513.95), 해양기상학(454)[32]

(5) 고생물학(화석학)(457)

① 고생물학은 암석 속에 보존된 화석을 해석하여 지질시대의 생물과 환경을 연구하는 학문으로, 고식물학(457.1)과 고동물학(457.2)로 구분되며, 고식물학은 식물학의 분류(482 – 489)와 같이, 고동물학은 동물학의 분류(492 – 499)와 같이 세분된다.

② 동식물 분류체계에서 분류되지 않은 확실치 않은 고생물은 여기에 분류하며, 특정지질시대의 고생물학은 457.017(층위고생물학) 아래에서 456.1 – .9와 같이 세분한다. 반면에 특정 지역의 고생물학은 457.09 (고생물지리학) 아래에서 지역구분을 한다.

③ 화석을 통해 특정지질시대의 생물과 생물이 산 환경을 다룬 주제는 고생물학에 분류하고, 암석이나 광물을 통해 특정지질시대의 지질작용을 연구한 저서는 지사학(456.1 – .9) 아래에 분류한다.[33]

---

32) Ibid.
33) *Ibid*., p.172.

15.3. 분류 사례분석

(1) 지역구분

409 과학사 및 지역구분

    지역구분표에 따라 세분한다.

    (예) 한국과학사

        → 409(기본기호) + − 11(지역구분: 한국) = 409.11

409.8 과학적 조사탐험기

    지역구분표에 따라 세분한다.

    (예) 알래스카탐험기

        → 409.8(기본기호) + 4298(지역구분: 알래스카) = 409.84298

442.1 천문대, 관측소

    천문기기를 포함한다.

    지역구분표에 따라 세분한다.

    (예) 서울천문대

        → 442.1(기본기호) + − 116(지역구분: 서울특별시) = 442.1116

450.9 지방지질지

    지역구분표에 따라 세분한다.

    (예) 일본지질지

        → 450.9(기본기호) + − 13(지역구분: 일본) = 450.913

453.99 각국의 기후

    지역구분표에 따라 세분한다.

(예) 브라질의 기후

　　　→ 453.99(기본기호) + − 53(지역구분: 브라질) = 453.9953

454.071 − .078 각 해양의 해류

　　지역구분표 81 − 88과 같이 세분한다.

　　(예) 동해해류

　　　　→ 454.07(기본기호) + − 113(8113 동해에서 8 다음의 기

　　　　호) = 454.07113

454.1 − .8 각 해 해양학

　　지역구분표 81 − 88과 같이 세분한다.

　　(예) 동해

　　　　→ 454(기본기호) + − 113(8113 동해에서 8 다음의 기호)

　　　　= 454.113

457.09 고생물 지리학

　　고동물지리를 포함한다.

　　지역구분표에 따라 세분한다.

　　(예) 중국고생물학

　　　　→ 457.09(기본기호) + − 12(지역구분: 중국) = 457.0912

457.109 고식물지리학

　　지역구분표에 따라 세분한다.

　　(예) 그린란드의 화석식물

　　　　→ 457.109(기본기호) + − 73(지역구분: 그린란드) = 457.10973

471.9 인종의 지역적 분포

　　지역구분표에 따라 세분한다.

(예) 아이누족의 지리적 분포

　　→471.9(기본기호)+ - 13(지역구분: 일본)=471.913

477.2 도서생물학

　　지역구분표에 따라 세분한다.

　　(예) 제주도 생물지

　　　　→477.2(기본기호)+ - 1199(지역구분: 제주도)=477.21199

477.3 해양생물학

　　지역구분표 81 - 88과 같이 세분한다.

　　(예) 인도양의 생물

　　　　→477.3(기본기호)+ - 4(지역구분: 인도양)=477.34

477.5 담수생물학

　　지역구분분표에 따라 세분한다.

　　(예) 바이칼 호의 생물

　　　　→477.5(기본기호)+ - 175(지역구분: 바이칼)=477.5175

477.9 국가별생물지리학

　　지역구분표에 따라 세분한다.

　　(예) 중국의 생물지리학

　　　　→477.9(기본기호)+ - 12(지역구분: 중국)=477.912

480.694 식물원

　　지역구분표에 따라 세분한다.

　　(예) 북아메리카 식물원

　　　　→480.694(기본기호)+ - 4(지역구분: 북아메리카)=480.6944

497.09 어류의 지역분표

　　지역구분표에 따라 세분한다.

　　(예) 한국의 어류

　　　　→ 497.09(기본기호)＋－11(지역구분: 한국)＝497.0911

498.09 조류의 지역분포

　　지역구분표에 따라 세분한다.

　　(예) 한국조류

　　　　→ 498.09(기본기호)＋－11(지역구분: 한국)＝498.0911

(2) 국어구분

471.8 언어에 의한 인종의 구별

　　언어인류학을 포함한다.

　　710－799와 같이 언어구분을 한다.

　　(예) 셈어족

　　　　→ 471.8(기본기호)＋97(797 셈어에서 7 다음의 기호)＝471.897

(3) 특수주제구분

453.917 특정 현상에 대한 예측 및 예보

　　453.1－.7과 같이 세분한다.

　　(예) 태풍경보

　　　　→ 453.917(기본기호)＋(－42)(453.42 태풍에서 453 다음의
　　　　기호)＝453.91742

457.12 – .19 각 고식물학

　　　　482 – 489와 같이 세분한다.

　　　　(예) 고대엽상식물

　　　　　　→ 457.1(기본기호) + 3(483 엽상식물에서 48 다음의 기
　　　　　　　호) = 457.13

491.1 – .19 동물생리학

　　　　472.1 – .19와 같이 세분한다.

　　　　(예) 동물의 생식

　　　　　　→ 491.1(기본기호) + 6(472.16 생식작용에서 472.1 다음의
　　　　　　　기호) = 491.16

491.2 – .29 동물병리학

　　　　472.2 – .29와 같이 세분한다.

　　　　(예) 동물면역

　　　　　　→ 491.2(기본기호) + 9(472.29 면역에서 472.2 다음의 기
　　　　　　　호) = 491.29

15.4. 분류 실습문제

① (원색도감) 한국의 야생화

　　480(식물학) + – 025(표준구분: 제표, 사물목록, 도보, 도감) → 480.25

② 동물원의 탄생

　　490.69(동물박물관)

③ 일본인의 기원

　471.9(인종의 지역적 분포)＋－13(지역구분: 일본) → 471.913

④ 과학과 메타과학: 자연과학의 구조와 의미

　401(과학철학, 과학이론)

⑤ 그리스 과학사상사

　409(과학사 및 지역구분)＋－21(지역구분: 고대 그리스) → 409.21

⑥ (생물지리학) 우리식물의 지리와 생태

　477.9(국가별생물지리학)＋－11(지역구분: 한국) → 477.911

⑦ 쉽게 찾아가는 한국의 식물원

　480.694(식물원)＋－11(지역구분: 한국) → 480.69411

⑧ 문화 속의 수학

　410(수학)

⑨ 한국의 지형발달과 제4기 환경변화

　452(지형학)

⑩ 2006 전국 자연동굴조사

　452.43(동굴)＋－09(표준구분: 역사)＋－11(지역구분: 한국) → 452.430911

⑪ 종의 기원

　476.0162(다윈·신다윈설)

⑫ 갈라파고스: 세상을 바꾼 섬

409(과학사 및 지역구분)+−54(지역구분: 에콰도르) → 409.54

⑬ 교사를 위한 신나는 화학교실

430(화학)+−072(지도법) → 430.072

⑭ 공룡: 관절과 뼈로 알아보는 공룡의 진실

457.2(고동물학)

⑮ (노벨상과 함께하는) 지구환경의 이해

450(지학)

⑯ 한국의 온천

451.33(열수 및 가스)+−09(표준구분: 역사)+−11(지역구분: 한국) →

451.330911

⑰ 바람에 실려 온 페니실린: 생명의 처음과 끝 세포 이야기

474(세포학)

⑱ 우리역사의 하늘과 별자리: 고대부터 조선까지 한국 별자리와 천문 문화사

440.9(천문학사)+−11(지역구분: 한국) → 440.911

⑲ 노벨상으로 말하는 20세기 물리학

420(물리학) −0+−09(표준구분: 역사) → 420.9

⑳ 한국동식물도감 제31권: 동물편(담수어류)

490(동물학) −0+−08(표준구분: 전집, 선집) → 490.8

▌ 제16장 500 기술과학

16.1. 특성 및 개요

기술과학은 "과학 이론을 실제로 적용하여 자연의 사물을 인간 생활에 유용하도록 가공하는 수단과 관련된 분야"[34]이다. KDC의 기술과학류는 자연과학의 광의의 개념에 속하는 공학, 농학, 의학 등으로 구성되어 있다. 그러나 가정학 및 가정생활(590)은 이와는 성격이 다른 유라고 할 수 있다. 이처럼 기술과학류는 주류를 구성하는 모든 학문이 기술과학이라는 큰 범주에 속하지만 아주 다양한 학문들로 구성되어 있기 때문에 KDC에서 가장 방대한 유이다. KDC의 기술과학류의 개요를 살펴보면 <표 16-1>과 같다.

〈표 16-1〉 기술과학류의 개요

500	기술과학	550	기계공학
501	기술철학 및 이론	551	기계역학, 요소 및 설계
502	잡저	552	공구와 가공장비
503	사전, 사전, 용어사전	553	열공학과 원동기
504	강연집, 수필집, 연설문집	554	유체역학, 공기역학, 진동학
505	연속간행물	555	정밀기계
506	학회, 단체, 기관, 회의	556	자동차공학
507	연구법 및 교육지도법	557	철도차량, 기관차
508	전집, 총서	558	항공우주공학, 우주항법학
509	기술사	559	기타 공학

---

34) 위키백과. 〈http://ko.wikipedia.org/wiki/%EA%B8%B0%EC%88%A0〉. [cited 2009.06.30]

16.2. 분류의 특수규정

실제 분류작업시 유의해야 할 사항들에 관한 500 기술과학류의 특수규정을 살펴보면 다음과 같다.

(1) 의학(510)

서양의학과 한의학 모두를 다룬 저작은 510(의학)에 분류한다. 한의학을 주로 다룬 저작이라고 할지라도 서양의학이 일부라도 포함되었다면, 서명에 '한의', '한방' 등이 포함되지 않은 경우 여기에 분류한다.[35]

(2) 외과(514)

특정 인체기관의 손상과 상해의 외과적 수술이나 치료를 다룬 저작은 분류표상에서 특별한 지시가 없는 한 514.4 기관별 외과학에 분류하고, 특정 기관질환의 외과적 수술 및 치료는 해당 내과학의 질환 아래 분류한다.
　　예: 심장의 외과수술법 514.416, 폐기종의 외과치료 513.258

(3) 한의학 이론(519.01)

한의학과 관련된 기초이론에 관한 저작을 한의학 이론에 분류한다. 그러나 한의에 응용되는 기초이론이라도 한의학적 관점을 가지고 있지 않은 저작의 경우에는 여기에 분류하지 않는다. 예: 음양오행설 152.269[36]

---

35) 한국도서관협회 한국십진분류법해설편집위원회 편. *op.cit.*, p.188.

36) *Ibid.*, p.194.

(4) 건축공학(540)

① 건축의 일반적 이론과 설계 및 건축재료, 건축구조 및 설비, 건축실무
   등을 다룬 저작을 540(건축공학)에 분류한다.
② 각종 건물의 예술적 설계 및 건축 기술에 관한 저작은 610(건축술) 아
   래에 분류한다.
③ 입체 미술로서의 특수 시대별 건축사는 610.9(건축사)에 분류한다.
④ 토목공학에 관한 저작은 531에 분류한다.

(5) 건물 세부구조(545)

① 건물 실내의 각종 세부구조와 설계에 관한 저작은 545에 분류한다.
② 홈 인테리어에 관한 저작은 홈인테리어 및 가정설비(595.4) 아래에 분
   류한다.
③ 각종 건물의 세부시설에 관한 의장(意匠) 및 도장(塗裝), 부조장식, 모
   자이크, 채색유리 등에 관한 저작은 건축예술 아래 619(장식 및 의장)
   에 분류한다.
④ 각종 건물의 실내 장식 일반에 관한 내용은 619.5(건축 실내 장식)에
   분류한다.
⑤ 산업 디자인에 관한 내용은 639.5(산업디자인) 아래에 분류한다.

(6) 각종 건물(549)

각종 건물의 설계상 이론이나 양식(樣式) 및 의장(意匠) 등의 내용은 각종 건
물(549)에 분류한다. 그러나 각종 건물의 예술적 설계 및 건축기술은 611 -
618(각종 건축물) 아래에 세분한다.

예: 음악당 건물의 양식 549.861, 전화국 건물의 설계 549.645

16.3. 분류 사례분석

(1) 해당 주제나 학문 분야에 분류

511 기초의학

해부학과 생리학을 포함한 저작은 여기에 분류한다.

도서관에 따라 각 과 의학의 기초의학은 그 주제하에 분류한다.

(예) 치과해부학

→ 515.11(치과기초의학)

(2) 표준구분

525.752 기후별 구분

표준구분 −098과 같이 구분한다.

(예) 사막지방 화초의 재배

→ 525.752(기본기호)＋5(−0985 사막에서 098 다음의 기호)

＝525.7525

(3) 지역구분

507.1 기술교육

지역구분표에 따라 세분한다.

(예) 미국기술교육

→ 507.1(기본기호) + − 42(지역구분: 미국) = 507.142

509 기술사

지역구분표에 따라 세분한다.

(예) 중국기술사

→ 509(기본기호) + − 12(지역구분: 중국) = 509.12

510.9 의학사

지역구분표에 따라 세분한다.

(예) 한국의학사

→ 510.9(기본기호) + − 11(지역구분: 한국) = 510.911

510.98 의학지리학

질병지리학을 포함한다.

지역구분표에 따라 세분한다.

(예) 중국질병지리학

→ 510.98(기본기호) + − 12(지역구분: 중국) = 510.9812

530.029 공업특허, 규격, 상표

실용신안, 의장권, 상표권 등을 포함한다.

지역구분표에 따라 세분한다.

(예) 일본의 실용신안

→ 530.029(기본기호) + − 13(지역구분: 일본) = 530.02913

(유의할 사항) 특허일반 → 502.9

(4) 국어구분

586.731 활자, 자모, 자모주조

활자편람을 포함한다.

710 – 799와 같이 구분한다.

(예) 한글자모

→ 586.731(기본기호) + 1(711 한국어에서 71 다음의 기호) =

586.7311

(5) 특수주제구분

514.4 기관별 외과학

특정기관의 외과적 손상과 상해, 일반적 외과수술을 포함한다.

특정기관 내과질환의 외과적 치료는 그 질환에 분류한다.

.41 순환기관

511.41과 같이 세분한다.

.42 호흡기관

511.42와 같이 세분한다.

.43 소화기관

511.43과 같이 세분한다.

.44 선 임파 계통

511.44와 같이 세분한다.

(예) 심장 외과수술

→ 514.41(기본기호: 순환기관) + 6(511.416 심장에서 511.41 다

음의 기호) = 514.416

(예) 후두 외과수술

→ 514.42(기본기호: 호흡기관) + 3(511.423 후두에서 511.42 다

음의 기호) = 514.423

   (예) 위 외과수술

      → 514.43(기본기호: 소화기관)＋4(511.434 위에서 511.43 다음의 기호) = 514.434

   (예) 갑상선 외과수술

      → 514.44(기본기호: 선 임파 계통)＋4(511.444 갑상선서 511.44 다음의 기호) = 514.444

518.332 – .339 특정 식물 추출약품

      482 – 489와 같이 세분한다.

      (예) 양귀비 추출약품

         → 518.33(기본기호)＋954(489.54 양귀비목에서 48 다음의 기호) = 518.33954

519.93 – .96 각 과 침구학

      513 – 516과 같이 세분한다.

      (예) 소아침구과

         → 519.9(기본기호)＋69(516.9 소아과에서 51 다음의 기호) = 519.969

565.61 – .68 옥내조명

      특정건물의 옥내조명은 611 – 618과 같이 세분한다.

      (예) 학교의 조명

         → 565.6(기본기호)＋37(613.7 교육용건물에서 61 다음의 기호) = 565.637

573.201 – .209 재료, 처리, 조작(제조)

　　　　573.11 – .19와 같이 세분한다.

　　　　(예) 과일주 발효

　　　　　　→ 573.20(기본기호) + 3(573.13 발효에서 573.1 다음의
　　　　　　　기호) = 573.203

577.31 – .35 특정 직물염색

　　　　587.1 – .5와 같이 세분한다.

　　　　(예) 나일론 염색

　　　　　　→ 577.3(기본기호) + 45(587.45 나일론에서 587 다음의
　　　　　　　기호) = 577.345

(6) 양자택일

512.83 – .86 각 과 간호

　　　　513 – 516과 같이 세분한다.

　　　　도서관에 따라 각 과 간호는 그 주제하에 분류할 수 있다.

　　　　(예) 내과간호

　　　　　　① 세분

　　　　　　　→ 512.8(기본기호) + 3(513 내과에서 51 다음의 기
　　　　　　　　호) = 512.83

　　　　　　② 해당 주제하에 분류

　　　　　　　→ 513(내과) + 08(514.08에서 08 간호) = 513.08

(7) 부 가

588.1 – .4 의류 및 모자제조
    *가 표시된 분류항목에 다음 내용을 부가할 수 있다.
    1 남성용
    2 여성용
    3 아동용
    588.15* 외출복 및 동종의복
    (예) 아동용 외출복
        → 588.15(기본기호) + 3(아동용) = 588.153

16.4. 분류 실습문제

① 상표사례집
    502.9(특허, 규격, 상표)

② 암간호
    512.8(각 과 간호) + 3994(513.994(악성종양)에서 51 다음의 기호) →
    512.83994
    513.994(악성종양) + 0(패싯지시기호) + 8(512.8(간호)에서 512 다음의 기호)
    → 513.99408

③ 한국인의 생명, 김치
    574.8(과일과 야채)

④ 육아백과사전

598.1(육아일반)

⑤ 파우스트의 선택: 생명공학의 위험과 비윤리성

570.6(생명공학)

⑥ Herb 대사전: 허브종류 허브재배 & 이용법

525.48(향채류)

⑦ 1~2세 어떻게 키워야 하나

598(육아) + .122(본표추가세분: 유아) → 598.122

⑧ 질병을 치료하는 요가

512.57(민간요법)

⑨ 천연염료와 염색

577.26(천연염료)

⑩ 독서치료

512.5158(독서요법)

⑪ 21세기를 향한 일본의 과학기술 정책

509(기술사) + − 13(지역구분: 일본) → 509.13

⑫ KS 건축자재편람

541(건축재료) + − 021(표준구분: 편람) → 541.021

⑬ 알기 쉬운 일본요리

594.5(생활과학) + .13(본표추가세분: 일본요리) → 594.53

⑭ KIST 40년사

500 + −06(표준구분: 학회, 단체, 기관, 회의) → 506

⑮ 실내건축 설계제도

542.2(건축제도)

⑯ 어린이 알레르기를 이겨내는 101가지 지혜

516.9(소아과 및 노인병리)) + 3923(513.923(알레르기)에서 51 다음의 기호)
→ 516.93923

⑰ 도로공사 설계 적용기준

534.1(도로측량 및 설계)

⑱ 뇌의 문화지도

511.181(중추신경) + 3(511.4813(뇌)에서 511.481 다음의 기호) → 511.1813

⑲ 한국 고대의 온돌: 북옥저, 고구려, 발해

547.72(복사난방)

⑳ (포항공과대학교) 청암학술 정보관 건축 보고서

022.31(관종별 도서관 인테리어 및 설계) + 76(027.6(대학도서관)에서
02 다음의 기호) → 022.3176

■ 제17장 600 예술

17.1. 특성 및 개요

예술은 "특별한 재료, 기교, 양식 등으로 감상의 대상이 되는 아름다움을 표현하려는 인간의 활동 및 그 작품"[37]으로, 일반적으로 회화(繪畵)나 조각, 음악, 문예 등의 미적 작품을 형성시키는 인간의 창조활동을 의미하며 공간 예술, 시간 예술, 종합 예술 등으로 나눌 수 있다. KDC의 예술류는 위의 세 가지 구분에 따라 해당하는 분야로 구성되어 있으며, 다만 시간 예술의 한 분야인 문학은 800에 별도의 주류로 설정하고 있다. 또한 예술의 일부로 볼 수 있는 조경(造景)과 특정 공간을 위한 식물의 식재 및 조원(造園) 미술은 525.9에 분류하고, 도시계획은 539.7에 분류하며, 건축의 시공 등 공학적 측면을 다루는 건축공학은 540에 분류한다.

KDC의 강의 구분과 배열순서는 DDC와 NDC를 기초자료로 하고 있으나, 그 구분과 배열에서는 차이를 보이고 있다. 그 배열 순서를 보면, KDC는 DDC와 거의 일치하고 있다. 그러나 강의 구분은 NDC에 가깝다고 말할 수 있다.[38]

KDC의 예술류의 개요를 살펴보면 <표 17-1>과 같다.

---

37) 네이버 국어사전. 〈http://krdic.naver.com/detail.nhn?docid=27490600〉. [cited 2009.06.30]
38) 한국도서관협회 한국십진분류법해설편집위원회 편. *op.cit.*, p.243.

600	예술	650	회화, 도예
601	미술이론, 미학	651	채색이론 및 실체
602	미술의 재료 및 기법	652	회화의 재료 및 기법
603	미술사전	653	시대별 및 국별 회화
604	미술의 주제	654	주제별 회화
605	미술연속간행물	655	
606	미술 분야의 학회, 단체, 기관, 회의	656	소묘, 도화
607	미술의 지도법, 연구법 및 교육	657	만화, 삽화
608	미술전집, 총서	658	그래픽디자인, 도안, 포스터
609	미술사	659	판화
610	건축술	660	사진예술
611	궁전, 성곽	661	사진기계, 재료
612	종교건물	662	촬영기술
613	공공건물	663	음화처리
614	과학 및 연구용건물	664	양화처리(인화)
615	공업용건물	665	
616	상업, 교통, 통신용건물	666	특수사진술
617	주거용 건물	667	사진응용
618	기타 건물	668	사진집
619	장식 및 의장	669	
620	조각 및 조형미술	670	음악
621		671	음악이론 및 기법
622	조소재료 및 기법	672	종교음악
623	목조	673	성악
624	석조	674	극음악, 오페라
625	금동조	675	기악합주
626	점토조소, 소조	676	건반악기 및 타악기
627	기타 재료	677	현악기
628	전각, 인장	678	관악기(취주악기)
629	제상	679	한국음악 및 동양전통음악
630	공예, 장식미술	680	공연예술 및 매체예술
631	도자공예, 유리공예	681	극장, 연출, 연기
632	금속공예	682	연희
653	보석, 갑각, 패류공예	683	
634	목, 죽, 화훼, 왕골공예	684	각종 연극
635	칠공예	685	무용, 발레
636	염직물공예, 섬유공예	686	라디오극 및 음성매체 예술
637	고무, 플라스틱공예	687	텔레비전극 및 시청각매체 방송예술
638	미술가구	688	영화
639	장식예술	689	대중연예

640	서예	690	오락, 스포츠
641	한자의 서체	691	오락
642	한자서법	692	체육학, 스포츠
643	한글서법	693	체조, 유희
644	기타 서법	694	육상경기
645		695	구기
646	펜습자	696	수상경기, 공중경기
647	낙관, 수결(서명)	697	동계스포츠
648	서보, 서첩, 법첩	698	무예 및 기타 경기
649	문방구	699	기타 오락 및 레저스포츠

17.2. 분류의 특수규정

실제 분류작업시 유의해야 할 사항들에 관한 600 예술류의 특수규정을 살펴보면 다음과 같다.

(1) 건축사(610.9)

① 특수국가의 한 시대 특유의 예술적 가치가 있는 건축양식이나 건축의 종류에 관해 다루고 있는 저작은 건축양식일반이나 각종 건축(611 ‐ 618)에 넣지 않고, 그 나라의 건축(610.91, 610.921 ‐ 610.979) 아래에 분류한다.

예: 선암사의 건축 610.911(한국건축사) (612.2 불교사찰 아님)

이탈리아의 고딕건축(610.928 이탈리아 건축사) (610.92035 고딕건축 아님)

그리스의 르네상스 건축(610.92996) (르네상스건축 610.92041 아님)

② 한 시대 특유의 건축양식이 2개국 이상에 걸쳐 다루어지고 있는 저작은 그 시대의 양식과 함께 분류한다.

예: 동양의 고대건축 610.9102

영국과 이태리의 르네상스 건축 610.92041

(2) 인물화(654.5)

전기적 설명이 없는 인물화나 인물화집을 여기에 분류하고, 전기적 설명이 추가된 일반적인 인물화집은 해당 주제의 전기 또는 990 전기 아래에 분류한다.[39]

(3) 음악사, 평론(670.9)

① 어느 한 작곡가의 작품전반에 대한 평론이나 비평, 역사서를 670.9에 분류한다. 이때 상세분류를 원할 경우에는 지역구분을 한다.
   예: 헨델의 음악세계에 관한 연구 670.924
② 각각의 작품이나 어느 하나의 음악형식에 국한된 평론이나 비평은 해당 음악에 분류한다.
   예: 슈베르트의 교향곡에 대한 비평 675.21(교향악)[40]

17.3. 분류 사례분석

(1) 해당 주제나 학문 분야에 분류

622.5 기법
   특수주제에 관한 기법은 그 주제하에 분류한다.

---

39) 한국도서관협회 한국십진분류법해설편집위원회 편. *op.cit.*, p.250.
40) *Ibid.*, p.252.

(예) 금동조각의 주형

　　　→ 625(금동)

622.56 조각술

　　특수주제에 관한 조각술은 그 주제하에 분류한다.

　　(예) 목조의 조각술

　　　　→ 623(목조)

681.8 대본

　　각종 극의 대본은 그 주제하에 분류한다.

　　(예) 라디오방송극대본

　　　　→ 686.18(라디오대본)

　　　　희곡

　　　　→ 8△2(희곡)

(2) 지역구분

600.911 - .919 아시아 각국 예술사

　　　　　지역구분표 11 - 19와 같이 세분한다.

　　　　　(예) 한국예술사

　　　　　　→ 600.9(기본기호) + - 11(지역구분: 한국) = 600.911

600.921 - .979 서양 각국 예술사

　　　　　지역구분표 21 - 79와 같이 세분한다.

　　　　　(예) 미국 예술사

　　　　　　→ 600.9(기본기호) + - 42(지역구분: 미국) = 600.942

609 미술사

발달, 비평, 미술사 등을 포함한다.

600.9와 같이 세분한다.

(예) 미국미술사

→ 609(기본기호) + − 42(지역구분: 미국) = 609.42

606.91 − .97 특수지방의 미술관 및 개인소장품

지역구분표에 따라 세분한다.

(예) 한국의 미술관

→ 606.9(기본기호) + − 11(지역구분: 한국) = 606.911

610.921 − .979 서양각국건축사

지역구분표 21 − 79와 같이 세분한다.

(예) 멕시코건축사 → 610.9(기본기호) + − 43(지역구분: 멕
시코) = 610.943

682.1 가면극

지역구분표에 따라 세분한다.

(예) 산대도감극

→ 682.1(기본기호) + − 11(지역구분: 한국) = 682.111

682.2 인형극

지역구분표에 따라 세분한다..

(예) 꼭두각시극

→ 682.2(기본기호) + − 11(지역구분: 한국) = 682.211

와양(인도네시아 인형극)

→ 682.2(기본기호) + − 147(지역구분: 인도네시아) = 862.2147

684.09 연극사

　　발달, 비평, 연극사, 작품 등을 포함한다.

　　지역구분표에 따라 세분한다.

　　(예) 미국연극사

　　　　→ 684.09(기본기호) + − 42(지역구분: 미국) = 684.0942

653 시대별 및 국별 회화

　　역사, 평론, 화파 및 화집 등을 포함한다.

　　600.9와 같이 세분한다.

　　지역구분표에 따라 세분한다.

　　(예) 프랑스회화

　　　　→ 653(기본기호) + − 26(지역구분: 프랑스) = 653.26

　　(예) 피카소 회화집

　　　　→ 653(기본기호) + − 27(지역구분: 스페인 및 인접국가) = 653.27

(3) 전주제구분

600.48 기타 주제

　　001 − 999와 같이 주제구분을 한다.

　　(예) 농업주제의 표현

　　　　→ 600.48(기본기호) + 520(농업, 농학) = 600.4852

　　(유의할 사항) 종교 주제의 표현 → 600.42(종교)

　　　　　　종교화 → 654.2(종교화)

> 600.4 예술의 주제
> 　　2종 이상의 여러 형식의 예술을 다룬 종합저작을 포함한다.
> 　　특수형식의 예술 또는 개인작품에서 다룬 주제에 관한 저작은 그 형식 및 개인 아래
> 에 분류한다.

614 과학 및 연구용 건물

　연구소, 시험소, 동물원, 식물원, 과학관 등을 포함한다.

　001 – 999와 같이 주제구분을 한다.

　(예) 동물시험소건물

　　→ 614(기본기호) + 49(490 동물학) = 614.49

654.9 기타 주제화

　654.1 – .8에 속하지 않는 주제를 가진 회화는 001 – 999와 같이 주제구분을 한다.

　(예) 교량화

　　→ 654.9(기본기호) + 536(교량학) = 654.9536

(4) 특수주제구분

610.9 건축사

　도서관에 따라 600.901 – .906과 같이 세분할 수 있다.

　(예) 세계근세건축사 → 610.9(기본기호) + 04(600.904 근세에서 600.9 다음의 기호) = 610.904

.91 아시아(동양) 건축사

　600.9101 – .9106과 같이 세분한다.

　(예) 동양고대건축사 → 610.91(기본기호) + 02(600.9102 고대에서 600.91 다음의 기호) = 610.9102

653 시대별 및 국별 회화

　역사, 평론, 화파 및 화집 등을 포함한다.

　600.9와 같이 세분한다.

　지역구분표에 따라 세분한다.

(예) 서양의 고전주의 회화

    → 653(기본기호) + 204(600.9204 서양예술사에서 600.9 다음의
    기호) = 653.204

602 미술재료 및 기법

  600.21 – .27과 같이 세분한다.

  (예) 미술도구

    → 602(기본기호) + 4(600.24 기구 및 용품에서 600.2 다음의 기
    호) = 602.4

628 전각, 인장

  .2 재료 및 기법

    600.2와 같이 세분한다.

> 600.2 예술재료 및 기법
>   모델사용을 포함한다.
>   도서관에 따라 600.21 – .27은 각 예술 분야의 공통구분으로 사용할 수 있다.

  (예) 인장재료

    → 628.2(기본기호) + 3(600.23 재료에서 600.2 다음의 기호) =
    628.23

612.4 – .9 기타 종교건물

    240 – 290과 같이 구분한다.

    (예) 회교사원건물

      → 612(기본기호) + 8(280 회교에서 2 다음의 기호) = 612.8

697.069 동계종합체육대회

    692.069와 같이 분류한다.

    (예) 동계유니버시아드대회

→ 697.069(기본기호) + 6(692.0696   유니버시아드대회에서

692.069 다음의 기호) = 697.0696

(5) 양자택일

668 사진집

600.4와 같이 세분한다.

도서관에 따라 주제별 사진집은 각 주제하에 분류할 수 있다.

(예) 무대사진집

① 세분할 경우: 668(기본기호) + 8(600.48(기타 주제)에서 600.4
다음의 기호) + 680(공연예술 및 매체예술) = 668.868

> 600.48 기타 주제
>   001 - 999와 같이 주제구분을 한다.

② 각 주제하에 분류: 680(공연예술) + (- 024)(표준구분: 시청각
자료) = 680.24

(예) 민족의 얼 안중근 의사 사진집

① 세분할 경우: 668(기본기호) + 8(600.48 기타 주제에서 600.4
다음의 기호) + 911.059(한국사: 고종, 순종 1864 - 1910) =
668.8911059

② 각 주제하에 분류: 911.059(한국사: 고종, 순종 1864 - 1910)
+ (- 024)(표준구분: 시청각자료) = 911.059024

17.4. 분류 실습문제

① 필묵의 황홀경: 우리나라 대표 서화가 17인의 삶과 예술

640(서예)＋－099(표준구분: 전기) → 640.99

② 인상주의 화가들

653(시대별 및 국별 회화)＋2045(600.92045(서양 19세기)에서 600.9 다음의 기호) → 653.2045

③ 문화 아트 디자인 콘텐츠

639.5(산업디자인)

④ 아시아음악의 이해

670.9＋－1(지역구분: 아시아) → 670.91

⑤ 판소리의 미학과 역사

679.4(창극)

⑥ 한국 고대 음악의 재조명

670(음악)＋91102(한국 고대) → 670.91102

⑦ 체육종목별 경기지침

692(체육학, 스포츠)＋.023(본표추가세분: 규칙집) → 692.023

⑧ 서울의 고궁산책

611(궁전, 성곽)＋09(표준구분: 역사)＋－116(지역구분: 서울) → 611.09116

⑨ 월드컵의 역사

695.4(축구)

⑩ 20세기 한국의 인물화

654.5(인물화) + −09(표준구분: 역사) + −11(지역구분: 한국) → 654.0911

⑪ 한국의 석조미술

624(석조) + −09(표준구분: 역사) + −11(지역구분: 한국) → 624.0911

⑫ 교회건축과 생활

612.3(기독교건물)

⑬ 3번만 읽으면 누구나 작곡할 수 있다

671(음악이론 및 기법) + .61(본표추가세분: 작곡) → 671.61

⑭ 광주, 전남 연극사

680.9(공연예술의 역사, 지리, 인물) + −1196(지역구분: 광주) → 680.91196

⑮ 2004 올림픽 총서

692.0693(올림픽) + −08(표준구분: 총서) → 692.069308

⑯ 국악전집

679(한국음악 및 동양전통음악) + −08(표준구분: 전집, 선집) → 670.08

⑰ 전시의 연금술 미술관 디스플레이

600(예술) + .069(본표추가세분: 미술관 및 개인 소장품) → 606.9

⑱ 르네상스의 미술

609(미술사) + .204(본표추가세분: 근세 르네상스시대) → 609.204

⑲ 화가 이중섭

　　650(회화, 도화) ＋ － 099(표준구분: 전기) → 650.99

⑳ 한국 대중음악사

　　673.5(대중음악, 대중가요, 유행) ＋ － 11(지역구분: 한국) → 673.511

▋ 제18장 700 언어

18.1. 특성 및 개요

언어는 "생각이나 느낌을 음성 또는 문자로 전달하는 수단 및 체계"[41]로서 KDC의 언어류는 언어 자체를 연구대상으로 삼아 여러 가지 접근방법으로 연구하는 학문인 언어학(701)과 각 민족의 언어(710－799)로 나뉜다.

언어류는 국어구분표와 언어공통구분을 이용하여 분류표를 전개하고 있는 패싯식 기호 합성의 성격이 강한 주류이다. <표 18－1>과 같이 언어류의 기본적인 열거순서는 주류(언어류)＋언어(국어구분표)＋언어의 제요소(언어공통구분표) 순으로 합성되어 분류기호가 완성된다. 조기표에서 설명했듯이 요목의 언어공통구분 기호는 이미 합성되어 본표에 전개되어 있다. 다만, 739(기타 아시아 제 어), 749(앵글로색슨어), 759(기타 게르만어), 769(프로방스어), 777(포르투갈어)은 제외된다.

---

41) 위키백과. 〈http://ko.wikipedia.org/wiki/%EC%96%B8%EC%96%B4〉. 〔cited 2009.06.30〕

<표 18-1> 언어류의 기본구조

주류 (언어류)	언어 (국어구분표)	언어의 제요소 (언어공통구분표)	
7	-1 한국어 -2 중국어 -3 일본어 -4 영어 -5 독일어 -6 프랑스어 -7 스페인어 -8 이탈리아어 -9 기타 제어	-1 음운, 음성 -2 어원, 어의 -3 사전 -4 어휘 -5 문법 -6 작문 -7 독본, 해석, 회화 -8 방언(서투리)	710 한국어 711 음운, 음성, 문자 712 어원, 어의 713 사전 714 어휘 715 문법 716 작문 717 독본, 해석, 회화 718 방언
한국어문법(715) 7　　+	-1 한국어　　　　+	-5 문법	
한국어사전(713) 7　　+	-1 한국어　　　　+	-3 사전	

KDC의 언어류의 개요는 <표 18 - 2>와 같다.

<표 18-2> 언어류의 개요

700	언어	750	독일어
701	언어학	751	음운, 음성, 문자
702	잡저	752	어원, 어의
703	사전	753	사전
704	강연집	754	어휘
705	연속간행물	755	문법
706	학회, 단체, 기관, 회의	756	작문
707	지도법, 연구법 및 교육, 교육자료	757	독본, 해석, 회화
708	전집, 총서	758	방언
709	언어사	759	기타 게르만어
710	한국어	760	프랑스어
711	음운, 음성, 문자	761	음운, 음성, 문자
712	어원, 어의	762	어원, 어의
713	사전	763	사전
714	어휘	764	어휘
715	문법	765	문법
716	작문	766	작문
717	독본, 해석, 회화	767	독본, 해석, 회화
718	방언	768	방언
719		769	프로방스어

18.2. 분류의 특수규정

실제 분류작업시 유의해야 할 사항들에 관한 700 언어류의 특수규정을
살펴보면 다음과 같다.

(1) 사전(7△3.2 - 9, 7△0.3)

① 2개 국어사전은 7△3.2 - .9에 분류한다. 2개 국어사전을 분류하는 방법으로는 ㉠ 표제어에 분류하고, 해설어를 국어구분의 기호를 사용하여 부가한다. 예: 한영사전(표제어: 한국어) 713.4 ㉡ 도서관에 따라 2개 국어사전은 이용자의 입장에서 비교적 덜 알려진 언어에 분류하고 상대어를 부가할 수 있다. 예: 한영(영한)사전 713.4(미국의 입장)

② 국어학사전, 즉 국어학의 학설 또는 용어사전은 국어사전과 함께 분류하지 않고, 각국어 기호 아래 분류하고, 표준구분 -03(사전)을 추가한다. 예: 불어학사전 740.3

③ 어학 내의 각국어 아래의 특수주제(예: 발음, 문법, 작문, 방언, 류어, 동의어 등)의 사전은 각각 그 주제에 분류한다. 예: 국문법사전 715.03

④ 어학 외의 특수주제의 사전은 그 주제 아래 분류한다. 예: 세계역사사전 903

⑤ 일반백과사전은 030(백과사전) 아래의 해당 언어에 분류한다. 예: 동아대백과사전 031

(2) 작문(7△6)

① 중·고등학교의 영작문 및 대학교에서의 외국문학역(예: 일문한역)의 수련을 위한 참고서적 및 이와 유사한 작문에 관한 저작은 700 어학 아래의 작문에 분류하고, 802 문장작법 아래 분류하지 않는다. 예: 최신일어작문 736[42]

② 문학작품의 작문(예: 작시, 소설작법 등)은 802 문장작문 아래 분류한다.

---

42) 한국도서관협회 한국십진분류법해설편집위원회 편. *op.cit.*, p.263.

(3) 독본(7△7)

국어 및 외국어의 실제 사용에 필요한 기초지식을 습득하기 위한 텍스트북(textbook)을 독본, 해석, 회화(7△7)에 분류한다. 그러나 단순한 어학의 습득이라는 한계를 벗어난 정신적인 위로나 쾌락을 요구하는 미학적인 요소를 전달하려고 한 저작은 800 문학 아래에 분류한다. 어학과 문학 중 그 선택이 불확실할 경우에는 문학 아래에 분류한다. 편집목적이 어학습득을 위한 것이라면 어학에 분류한다.

(4) 번역 및 해석

① 특수주제의 번역서는 번역된 국어에 관계없이, 원서의 주제 아래 분류한다.
  예: 새로운 세계사 909

② 에스페란토어, 볼라퓌크어 등 인조어로 번역된 저작은 원서와 함께 분류하지 않고, 번역한 인조어 아래 분류한다.
  예: 유주현의 「조선총독부」를 에스페란토어로 번역한 저서 799.1에 분류 (813 한국소설 아님)

③ 외국어와 한국어의 대역서로서 어학습득을 목적으로 한 것은 외국어 아래 분류하고, 주제나 문학 아래 분류하지 않는다. 예: 독한대역서 757

④ 외국어와 외국어의 대역서로서 언어습득을 목적으로 하는 것은, 연구 습득하려고 하는 외국어 아래 분류한다.

⑤ 국문, 영문, 기타 외국문의 해석을 한 저작은 710-799에 분류하고, 800(문학) 아래 분류하지 않는다. 예: 정통국문해석법 717.4

⑥ 한문해석에 관한 도서는 원전의 국어의 해석에 분류한다. 그러나 한문을 사용하지 않는 나라의 한문해석에 관한 도서는 중국어 해석에 분류한다.

⑦ 우리나라의 한문습득을 목적으로 하는 한문교섭서는 711.47에 분류한다.

⑧ 각국의 한문학은 중국문학 아래 분류하지 않고, 해당 나라의 문학 아래 분류한다. 예: 한국한문학사 810.9[43]

18.3. 분류 사례분석

(1) 해당 주제나 학문 분야에 분류

713 사전

일반 국어사전은 여기에 분류한다.

어학 내의 특수사전은 그 주제하에 분류한다.

(예) 한국어원사전

→ 712(어원, 어의) + (− 03)(표준구분: 사전) = 712.03

한국은어사전

→ 714.9(은어) + (− 03)(표준구분: 사전) = 714.903

(2) 지역구분

709 언어사 및 언어정책, 언어행정

언어발달사, 언어지 및 언어지도를 포함한다.

지역구분표에 따라 세분한다.

(예) 한국 언어지

→ 709(기본기호) + (− 11)(지역구분: 한국) = 709.11

718.1 − .9 각 지방의 방언

---

43) *Ibid.*, pp.264 − 265.

지역구분표 111 - 1199와 같이 세분한다.

(예) 제주도방언

→ 718(기본기호) + (- 99)(지역구분 1199(제주도)에서 11 다음의 기호) = 718.99

728.1 - .9 각 지방의 방언

지역구분표 121 - 128과 같이 세분한다.

(예) 광동방언

→ 728(기본기호) + (- 33)(지역구분 1233(광동)에서 12 다음의 기호) = 728.33

748.1 - .9 각 지방의 방언

지역구분표 241 - 249와 같이 세분한다.

(예) 스코틀랜드방언

→ 748(기본기호) + (- 1)(지역구분 241(스코틀랜드)에서 24 다음의 기호) = 748.1

(참고사항) 중국어의 방언(728), 일본어의 방언(738), 영어의 방언(748), 7△8.1 - .9에서는 지역구분표를 적용하도록 지시하고 있으며, 이때 국가기호를 제외한 나머지 지역기호만을 부가한다.

(3) 특수주제구분

723 사전

723.01 - .02는 713.01 - .02와 같이 세분한다.

(예) 중국자전 및 옥편

→ 723(기본기호) + 02(713.02 자전, 옥편에서 713 다음의 기호) =

723.02

733 사전

733.01 – .02는 713.01 – .02와 같이 세분한다.

(예) 일본운서

→ 733(기본기호) + 01(713.01 한국어운서에서 713 다음의 기호)
= 733.01

(참고사항) 중국어 사전(723)과 일어 사전(733)의 경우, 713의 세구분
을 적용하도록 하고 있다.

724 어휘

714와 같이 구분한다.

(예) 중국숙어

→ 724(어휘) + 4(714.4 숙어, 고사성어, 관용어에서 714 다음의
기호) = 724.4

일본관용어

→ 734(어휘) + 4(714.4 숙어, 고사성어, 관용어에서 714 다음의
기호) = 734.4

영어관용어

→ 744(어휘) + 4(714.4 숙어, 고사성어, 관용어에서 714 다음의
기호) = 744.4

영어동의어

→ 744(어휘) + 5(714.5 유의어, 동의어, 반의어에서 714 다음의
기호) = 744.5

(참고사항) 724(중국어 어휘), 734(일본어 어휘), 744(영어 어휘), 754
(독일어 어휘), 764(프랑스어 어휘), 774(스페인어 어휘),
784(이탈리아어 어휘)에는 "714와 같이 구분한다"라는 지
시사항이 제시되어 있다. 따라서 한국어의 어휘에 대한 세

구분이 이들 언어의 어휘에도 적용된다.

725 문법, 어법

715와 같이 구분한다.

(예) 중국어품사론

→ 725(문법) + 1(715.1 품사론에서 715 다음의 기호) = 725.1

일본어구문법

→ 735(문법) + 8(715.8 구문법에서 715 다음의 기호) = 735.8

영어동사

→ 745(문법) + 4(715.4 동사에서 715 다음의 기호) = 745.4

(참고사항) 725(중국어 문법), 735(일본어 문법), 745(영어 문법), 755 (독일어 문법), 765(프랑스어 문법), 775(스페인어 문법), 785(이탈리아어 문법)에는 "715와 같이 구분한다"라는 지시사항이 제시되어 있다. 따라서 한국어의 문법에 대한 세구분이 이들 언어의 어휘에도 적용된다.

727 독본, 해석, 회화

727.2 - .5는 717과 같이 세분한다.

(예) 중국어회화

→ 727(독본, 해석, 회화) + 5(717.5 회화 다음의 기호) = 727.5

일본어회화

→ 737(독본, 해석, 회화) + 5(717.5 회화 다음의 기호) = 737.5

영어독본

→ 747(독본, 해석, 회화) + 2(717.2 독본 다음의 기호) = 747.2

프랑스어 해석

→ 767(독본, 해석, 회화) + 4(717.4 해석 다음의 기호) = 767.4

(참고사항) 727(중국어 문법), 737(일본어 독본, 해석, 회화), 747(영어 독본, 해석, 회화), 757(독일어 독본, 해석, 회화), 767(프랑스어 독본, 해석, 회화), 777(스페인어 독본, 해석, 회화), 787(이탈리아어 독본, 해석, 회화)에는 "717과 같이 구분한다"라는 지시사항이 제시되어 있다. 따라서 한국어의 독본, 해석, 회화에 대한 세구분이 이들 언어의 어휘에도 적용된다.

751 음운, 음성, 문자

도서관에 따라 741과 같이 세분할 수 있다.

(예) 독일어 철자법

→ 751(독일어 음운, 음성, 문자) + 5(741.5 영어 철자법에서 741 다음의 기호) = 751.5

이탈리아어 약어

→ 781(이탈리아어 음운, 음성, 문자) + 6(741.6 약어에서 741 다음의 기호) = 781.6

(참고사항) 741(영어 음운, 음성, 문자)의 세구분은 "도서관에 따라 741과 같이 세분할 수 있다"라는 지시사항에 따라 751(독일어), 761(프랑스어), 771(스페인어), 781(이탈리아어)에 적용된다.

(유의사항)

* 716(작문)은 작문법을 다루며, 일반수사학 및 문장작법, 일반서간문 작성, 일반식사작법(一般式辭作法) 등은 802, 802.6, 802.5에 분류한다.

* 739 기타 아시어 제어에는 별도의 주기가 없기 때문에 언어공통구분표를 적용하지 않는다.

(예) 베트남어 어휘

　　　→ 739.82

* 790 기타 제어에는 양자택일에 따라 언어공통구분표를 적용할 수
　　있다. 다만 792.8 러시아어의 경우에는 주기에 "741과 같이 구분
　　한다"라는 지시가 있다.

---

790 기타 제 어
　　도서관에 따라 각 언어에 대해 언어공통구분표를 적용할 수 있다.

792.8 러시아어
　　792.81 - .792.88은 741과 같이 구분한다.

(예) 에스페란토어 회화

　　　→ 799.1(에스페란토어) + 7(언어공통구분: 회화) = 799.17
　　　러시아문법
　　　→ 792.8(러시아어) + 5(745에서 74 다음의 기호: 문법) = 792.85

(4) 양자택일

713.2 - .9 2개 국어사전

　　　2개 국어사전은 표제어에 분류하고, 해설어를 국어구분의 기호
　　　를 사용하여 부가한다.
　　　도서관에 따라 2개 국어사전은 이용자의 입장에서 비교적 덜
　　　알려진 언어에 분류하고 상대어를 부가할 수 있다.
　　　710 - 799와 같이 언어구분을 한다.
　　　(예) 한영사전(표제어: 한국어)
　　　　　① 표제어에 분류 → 713.4
　　　　　② 이용자의 입장(한국의 입장) → 743.1

(참고사항) 723(중국어 사전), 733(일본어 사전), 743(영어사전), 753(독일어 사전), 763(프랑스어 사전), 773(스페인어 사전), 783(이탈리아어 사전) 2개 국어 사전에는 "711 – 719와 같이 언어구분을 한다"라는 지시사항이 제시되어 있다. 따라서 한국어의 2개 국어사전에 대한 규정이 모두 적용된다.

* 3개 이상의 언어로 된 수개(數箇) 언어사전은 703(사전)에 분류한다.

18.4. 분류 실습문제

① (서한 대역 시리즈) 아라비안나이트
777(스페인어 독본, 해석, 회화)

② 일본어 악센트 연구
731(음운, 음성, 발음) + .1(본표추가세분: 음운, 음성, 발음) → 731.1

③ 외국인을 위한 표준 한국어 문법
717(한국어 독본, 해석, 회화) + .6(본표추가세분: 외국인을 위한 국어교과서) → 717.6

④ 이집트 상형문자 이야기
798.1(이집트어)

⑤ 영호남 방언 운율 비교
718(한국어 방언) + – 8(지역구분: 경상도) → 718.8

⑥ 한국어 발음사전

711.1(음운, 음성, 발음) + − 03(표준구분: 사전) → 711.103

⑦ 번역사 산책

701.7(번역법, 해석법, 회화)

⑧ 낱말의 이해

714(한국어 어휘)

⑨ 김대균의 토익공식: 문법편

745(영어문법) + − 077(표준구분: 각종 시험, 면허증) → 745.077

⑩ 부수를 알면 한자가 보인다.

721.2(중국어 문자, 한자)

⑪ 제주도 방언의 풀이씨의 이음법 연구

718(방언) + − 99(지역구분: 제주도) → 718.99

⑫ 국어의 맞춤법 표기

711(한국어 음운, 음성, 문자) + .25(본표추가세분: 철자법, 맞춤법) →
711.25

⑬ 좋은 영어 번역 노하우 101강

747(독본, 해석, 회화)

⑭ 우리 번역 문화에 대한 체험적 보고서 <번역인가, 반역인가>

701.7(번역법, 해석법, 회화)

⑮ 국어 형용사 연구

715.5(형용사)

⑯ 한국어 능력시험(주관 한국방송공사)

710(한국어) + −077(표준구분: 각종 시험, 면허증) → 710.77

⑰ (국제어) 에스페란토 문법

799.1(에스페란토어)

⑱ 한국어 계량적 연구방법론

710.7(한국어 연구법)

⑲ 현대 러시아어 강독

729.8(러시아어) + −7(언어공통구분: 독본, 해석, 회화) → 729.872

⑳ 일본어 필수한자

731(일본어 음운, 음성, 문자) + .47(본표추가세분: 일본어 한자교습서)
→ 731.47

▌제19장 800 문학

19.1. 특성 및 개요

문학은 "언어를 예술적 표현의 제재로 삼아 새로운 의미를 창출하여 인간과 사회를 진실하게 묘사하는 예술"[44]이다. 정의에서처럼 문학은 언어로 된 예술이기 때문에 문학류는 언어류와 조기성을 갖는다. 즉 KDC의 문학류는 <그림 9-1>에서 알 수 있듯이, 강목 단계에서 언어별로 구분하고, 요목 단계에서는 각 문학형식별로 구분이 되어 문학형식구분을 활용하여 전개된다. 언어류와 마찬가지로 800 문학류도 분류표의 전개 및 분류에 있어 패싯식 기호 합성의 성격이 강한 주류이다. 따라서 문학류의 기본적인 열거순서는 주류(문학류) + 언어(국어구분표) + 문학형식(문학형식구분표) + 문학시대(문학시대구분표) 순이며 문학형식구분 기호가 이미 합성되어 본표에 전개되어 있다. 이러한 열거순서는 특정 언어에 국한되지 않은 문학작품을 다룰 경우에 다소 변경될 수 있으며, 문학시대의 경우에는 본표에 추가 세구분 되어 있어, 문학형식에 따라 적용할 수 있다.

---

44) 위키백과. 〈http://ko.wikipedia.org/wiki/%EB%AC%B8%ED%95%99〉. [cited 2009.06.30]

〈표 19-1〉문학류의 기본구조

주류 (문학류)	언어 (국어구분표)	문학형식 (무학형식구분표)	문학시대 (문학시대구분표)	
8	−1 한국어 −2 중국어 −3 일본어 −4 영어 −5 독일어 −6 프랑스어 −7 스페인어 −8 일탈리아어 −9 기타 제어	−1 시 −2 희곡 −3 소설 −4 수필 −5 연설, 응평 −6 일기, 서간, 기행 −7 풍자 −8 르포르타주 및 기타	3 삼국시대 4 고려시대 5 조선새대 6 20세기, 1910~1999 7 21세기, 2000~	810 한국문학 811 시 812 희곡 813 소설 814 소필 815 연설, 잡지 816 일기, 서간, 기행 817 풍속 818 르포르타주 및 기타
이광수의 무정 (813.6) 8 +	−1 한국어	+ −3 소설	+ 6 현대문학	
관동별곡 (811.25) 8 +	−1 한국어	+ −1 시	+ 25 (본표추가세분: 조선가요)	

KDC의 문학류의 개요는 <표 19-2>와 같다.

〈표 19-2〉문학류의 개요

800	문학	850	독일문학
801	문학이론	851	시
802	문장작법, 수사학	852	희곡
803	사전, 사전	853	소설
804	수필집, 강연집	854	수필
805	연속간행물	855	연설, 웅변
806	학회, 단체, 기관, 회의	856	일기, 서간, 기행
807	지도법 및 연구법, 교육, 교육자료	857	풍자
808	전집, 총서	858	르포르타주 및 기타
809	문학사, 평론	859	기타 게르만문학
810	한국문학	860	프랑스문학
811	시	861	시
812	희곡	862	희곡
813	소설	863	소설
814	수필	864	수필
815	연설, 웅변	865	연설, 웅변
816	일기, 서간, 기행	866	일기, 서간, 기행
817	풍자	867	풍자

818	르포르타주 및 기타		868	르포르타주 및 기타
819			869	프로방스문학
820	중국문학		870	스페인 및 포르투갈문학
821	시		871	시
822	희곡		872	희곡
823	소설		873	소설
824	수필		874	수필
825	연설, 웅변		875	연설, 웅변
826	일기, 서간, 기행		876	일기, 서간, 기행
827	풍자		877	풍자
828	르포르타주 및 기타		878	르포르타주 및 기타
829			879	포르투갈문학
830	일본문학 및 기타 아시아문학		880	이탈리아문학
831	시		881	시
832	희곡		882	희곡
853	소설		883	소설
834	수필		884	수필
835	연설, 웅변		885	연설, 웅변
836	일기, 서간, 기행		886	일기, 서간, 기행
837	풍자		887	풍자
838	르포르타주 및 기타		888	르포르타주 및 기타
839	기타 아시아 제 문학		889	루마니아 문학
840	영미문학		890	기타 제문학
841	시		891	
842	희곡		892	인도 – 유럽계문학
843	소설		893	아프리카 제 문학
844	수필		894	북아메리카 인디언문학
845	연설, 웅변		895	남아메리카 인디언문학
846	일기, 서간, 기행		896	오스트로네시아문학
847	풍자		897	셈족문학
848	르포르타주 및 기타		898	함족문학
(849)	미국문학		899	기타 문학

19.2. 분류의 특수규정

실제 분류작업시 유의해야 할 사항들에 관한 800 문학류의 특수규정을 살펴보면 다음과 같다.[45]

① 문학작품(예: 시, 소설 등 문학의 장르에 속하는 것)은 원칙적으로 원작품에 사용된 국어(810 - 899) 아래 분류하고, 주제나 저자의 국적에 따라 분류하지 않는다. 예: 한국인이 영어로 쓴 소설 843 (813 한국소설 아님)

② 원작품이 자국어와 외국어로 쓰인 것은 자국어의 문학 아래 분류한다.

③ 원국어가 없는 나라의 문학작품은 사용하는 국어의 모국문학과 구별하는 것이 필요하면 별치부호를 준다.

　　예: 영미문학의 영문학 B840

④ 2개 이상의 문학형식이 합해진 것은, 문학형식구분의 순서로 봐서 숫자가 빠른 형식에 분류한다.

　　예: 희곡과 시는 시에, 시와 소설은 시에, 소설과 수필은 소설에 분류

⑤ 문학자의 특수주제에 관한 학구적 저작은 그 주제 아래 분류한다.

　　예: 한국문화사서설/조지훈 911

⑥ 문학작품상에 나타난 특수지식의 경우, 1) 한 작가의 한 작품 중에 우연히 나타나 있는 특수주제에 관한 연구(저작)는 그 작품과 함께 분류한다. 2) 한 작가의 여러 작품 중에 나타나 있는 특수주제에 관한 저작은, 그 문학가(에 대한 평론)와 함께 분류한다.

　　예: Milton의 음악지식은 영문학 (음악 아님), 괴테의 자연철학은 독문학 (자연과학 아님)

⑦ 철학사상 철학학설이 시나 소설 등 다른 문학형식에 도입된 것(예: 이조시가에 나타난 유교사상)을 다룬 저작은 문학 아래 분류한다.

⑧ 문학과 관련이 있는 건물, 토지 등을 다룬 지방의 문학사나 지지는 역사에 넣지 않고, 문학 아래 분류한다.

　　예: Literary landmarks of London/Lurence Huton 843

⑨ 개개의 작품에 대한 평론은 그 비평된 작품과 함께 분류한다.

　　예: 심훈의 「상록수」에 대한 비평 813.6.

---

45) 한국도서관협회 한국십진분류법해설집편집위원회 편. *op.cit.*, pp.268 - 269.

⑩ 한 번역가의 번역기념집에 관한 비평은 문학 아래 분류한다.

⑪ 문학비평가에 대한 평론은 문학사와 함께 분류한다.

　예: The masters of French criticism/Irving Babbit 860.9

⑫ 특수문학의 교수법은 810－899 아래 분류한다.

⑬ 시의 산문역서는 그 형식이 변경되었다 하더라도 개작으로 다루지 않는다.

　예: 「신곡」(단테)의 독일어 산문역(散文譯)) 881

⑭ 개인의 서간은 그 사람의 전기 아래 분류한다.

⑮ 문학가의 서간집은 그 사람의 전기 아래 분류한다.

⑯ 문학적 가치와 위안을 주기 위한 목적으로 편찬한 서간집은 8△6에 분류한다.

⑰ 황제, 왕, 기타 세습적 통치자의 서간은 통치자의 전기를 역사와 함께 분류하는 곳에서는 그 치세의 역사 아래 분류한다. 통치자의 전기를 역사 아래 분류하지 않는 경우는 전기 아래 분류한다.

19.3. 분류 사례분석

(1) 지역구분

810.91 － .99 지방문학사

　　　　　　방언문학을 포함한다.

　　　　　　지역구분표 111－1199와 같이 세분한다.

　　　　　　(예) 호남문학사

　　　　　　　→ 810.9(한국 문학사)＋9(지역구분: 119(호남)에서 11 다음의 기호)＝810.99

(2) 국어구분

802 문장작법, 수사학

각국 문학형식의 작법은 02를 부가해서 사용한다.

.04 각국어의 문장작법

.041 한국어 문장작법

.042 – .049 기타 국어 문장작법

720 – 290과 같이 언어구분을 한다.

(예) 일본시작법

→ 831(일본시) + (02) = 831.02

일본어문장작법

→ 802.04(기타 국어 문장작법) + 3(730 일본어에서 7 다음의 기

호) = 820.043

영어문장작법

→ 802.04(기타 국어 문장작법) + 4(740 영어에서 7 다음의 기

호) = 820.044

(3) 문학형식구분

808 전집, 총서

본래 다른 언어로 쓰인 수 개 문학의 작품집을 여기에 분류한다.

808.1 – .8은 문학형식구분표에 따라 세분한다.

(예)) 세계소설전집

→ 808(전집, 총서) + (– 3)(문학형식구분: 소설) = 808.3

* 808에는 문학형식별 전집과 총서를 분류하기 위해 문학형식구분을

사용한 기호합성의 주기를 지시하고 있다.

809 문학사, 평론

　　각국 문학사는 그 문학 아래 분류한다.

　　.1 – .8 각 문학형식의 역사

　　　　문학형식구분표에 따라 세분한다.

　　　　문학형식에 의한 각국 문학사는 그 문학하에 분류한다.

　　　　(예) 한국문학사

　　　　　　→ 810.9

　　　　소설사

　　　　　　→ 809(기본기호) + (－3)(문학형식구분: 소설) = 809.3

　　　　중국소설사

　　　　　　→ 823(중국소설) + (－09)(표준구분: 역사) = 823.09

(4) 전주제구분

802.066 논문작성법, 해설법

　　도서관에 따라 001 – 999와 같이 전 주제구분을 할 수 있다.

　　(예) 의학논문작성법

　　　　→ 802.066(논문작성법, 해설법) + 51(510 의학) = 802.06651

(5) 특수주제구분

814 수필

　　810.903 – .907과 같이 세분한다.

　　(예) 현대수필

　　　　→ 814(수필) + 6(810.906 20세기에서 810.90 다음의 기호) = 814.6

816 일기, 서간, 기행

810.903 - .907과 같이 세분한다.

(예) 조선시대의 서간

→ 816(일기, 서간, 기행) + 5(810.905 조선시대에서 810.90 다음
의 기호) = 816.5

823 소설

.7 현대

도서관에 따라 813.6과 같이 세분할 수 있다.

(예) 중국현대단편소설

→ 823.7(중국 현대소설) + 02(813.602 단편소설에서 813.6
다음의 기호) = 823.702

832 희곡

.6 현대

812.61 - .68과 같이 구분한다.

(예) 현대 일본 라디오 각본

→ 832.6(현대 희곡) + 7(812.67 라디오각본에서 812.6 다
음의 기호) = 832.67

(참고사항) 소설, 희곡의 경우, "813.6과 같이 세분할 수 있다"
라는 지시사항에 따라 현대소설 및 현대희곡의 장르
를 세구분할 수 있다.

(6) 양자택일

840 영미문학

앵글로색슨문학을 포함한다.

도서관에 따라 미국문학은 U, 아일랜드 문학은 Ir, 스코틀랜드문학은

S, 웨일스문학은 W, 오스트레일리아 문학은 A, 뉴질랜드문학은 N을 부가하여 사용할 수 있다.

도서관에 따라 미국문학은 849에 분류할 수 있다.

(예) 뉴질랜드 소설

　　→ N843

　　미국소설

　　→ U843

(참고사항) * 840에는 앵글로색슨 문학이 모두 포함되기 때문에 각 국가별 문학을 구분하기 위해 분류기호에 문자를 사용하도록 하는 양자택일을 두고 있다.

　　　　　 * 영국문학과 미국문학을 구분하기 위해 영국문학은 841에서 848에 분류하고, 849.1에서 849.8까지는 미국문학을 분류할 수 있도록 양자택일을 두고 있다.

870 스페인 및 포르투갈문학

라틴아메리카의 스페인문학을 포함하되, 도서관에 따라 L을 부가하여 사용할 수 있다.

(예) 라틴아메리카 시

　　→ L871(스페인 시와 구분하기 위함이다)

879 포르투갈문학

브라질의 포르투갈문학을 포함하되, 도서관에 따라 B를 부가하여 사용할 수 있다.

(예) 브라질의 문학

　　→ B879

19.4. 분류 실습문제

① 고려전기 한문학사

  810.9(문학사, 평론) + .04(본표추가세분: 고려시대) → 810.904

② 영어로 논문쓰기

  802.066(논문작성법, 해설법)

③ 김대중 옥중서신

  816(일기, 서간, 기행) + 6(810.906 20세기) → 816.6

④ 안데르센 평전

  859.81(덴마크 문학) + -099(표준구분: 전기) → 859.81099

⑤ 20세기의 한국소설사

  813.6 + -09(표준구분: 역사) → 813.609

⑥ 셰익스피어 4대 비극

  842(영미희곡)

⑦ 춘향전, 심청전

  813.5(조선시대 소설)

⑧ 한국고전수필선

  814(한국 수필) + -08(표준구분: 전집, 선집) → 814.08

⑨ 한국속가전집

811.2(가사)

⑩ 여성의 현실과 문학

810.9(한국문학사, 평론) + .906(본표추가세분: 20세기) → 810.906

⑪ 현대 아랍 문학 강의: 풍자와 절규의 문학

897.7(아랍문학)

⑫ 중국 현대 문예사조사

820.907(현대 중국 문학사, 평론)

⑬ 현대 스페인어 희곡선

872(스페인 희곡) + − 08(표준구분: 선집, 전집) → 872.08

⑭ 괴테의 名詩

851(독일시)

⑮ 글쓰기 잘라서 읽으면 단숨에 통달한다

802(문장작법)

⑯ 한국문학의 이해

810.9(한국 문학사)

⑰ 문학비평 용어사전

809.9(특수문학사, 평론) + − 034(표준구분: 용어집) → 809.9034

⑱ (조정래 대하소설) 아리랑

　　813(한국소설) + .603(본표추가세분: 역사, 전기, 정치, 사회, 소설) →

　　813.603

⑲ 수호지

　　823.5(명시대 중국소설)

⑳ 조선족 역사 문학 연구 문집

　　810(한국문학) + .906(본표추가세분: 20세기, 1910 – 1999) → 810.906

▌ 제20장 900 역사

20.1. 특성 및 개요

역사는 "인간이 거쳐 온 모습, 인간의 행위로 일어난 사실이나 그 사실에 대한 기록"[46]으로 KDC의 역사류는 어느 주제에도 속하지 않는 역사를 다루며, 특정한 주제를 가지는 역사는 해당 주제에서 다룬다.

역사류에는 지리와 전기도 포함되어 있으며 역사(910-970), 지리(980), 전기(990)는 지역과 국가별로 구분되어 있다. 또한 910-979는 9 다음의 기호가 지역구분표의 기준이 된다. 따라서 역사류와 지역구분표는 조기성을 가지며 이 지역구분표는 국어구분표와 상당 부분 조기성을 갖는다. 국어구분표는 700과 800류와도 조기성을 갖는다. 또한 지리(980)와 전기(990)의 세목도 이들과 조기성을 갖는다. 따라서 역사류는 언어류와 문학류, 지리 및 전기와 조기성을 갖는다. 이를 표로 나타내면 <표 20-1>과 같다.

---

46) 위키백과. 〈http://ko.wikipedia.org/wiki/%EC%97%AD%EC%82%AC〉. [cited 2009.06.30]

〈표 20-1〉 역사류, 언어류, 문학류, 지리, 전기의 조기성

역사류	언어류	문학류	지 리	전 기
911 한국	710 한국어	810 한국문학	981.1 한국지리	991.1 한국전기
912 중국	720 중국어	820 중국문학	981.2 중국지리	991.2 중국전기
913 일본	730 일본어	830 일본문학	981.3 일본지리	991.3 일본전기
924 영국	740 영어	840 영미문학	982.4 영국지리	992.4 영국전기
925 독일	750 독일어	850 독일문학	982.5 독일지리	992.5 독일전기
926 프랑스	760 프랑스어	860 프랑스문학	982.6 프랑스지리	992.6 프랑스전기
927 스페인	770 스페인어	870 스페인문학	982.7 스페인지리	992.7 스페인전기
928 이탈리아	780 이탈리아어	880 기타제문학	982.8 이탈리아지리	992.8 이탈리아전기

KDC의 역사류의 개요는 <표 20-2>와 같다.

〈표 20-2〉 역사류의 개요

900	역사	950	남아메리카
901	역사철학 및 이론	951	콜롬비아
902	역사보조학	952	베네수엘라, 기아나
903	사전, 사전	953	브라질
904	강연집, 사평	954	에콰도르
905	연속간행물	955	페루
906	학회, 단체, 기관, 회의	956	볼리비아
907	지도법, 연구법 및 교육, 교육자료	957	파라과이, 우루과이
908	전집, 총서	958	아르헨티나
909	세계사, 세계문화사	959	칠레
910	아시아	960	오세아니아
911	한국	961	
912	중국	962	오스트레일리아(호주)
913	일본	963	뉴질랜드
914	동남아시아	964	파푸아뉴기니
915	인디아와 남부아시아	965	멜라네시아
916	중앙아시아	966	미크로네시아와 인접국가
917	시베리아(서백리아)	967	폴리네시아
918	서남아시아, 중동	968	하와이
919	아라비아반도	969	대서양제도
920	유럽	971	양극지방
921	고대그리스(희랍고대사)	972	북극지방
922	고대로마(라마고대사)	973	
923	스칸디나비아	774	그린란드

20.2. 분류의 특수규정

실제 분류작업시 유의해야 할 사항들에 관한 900 역사류의 특수규정을
살펴보면 다음과 같다.

(1) 역 사

지역별 지리와 지리의 구분이 어려운 경우 또는 역사와 지리를 동시에 다룬 저작은 역사에 분류한다.

(2) 시대구분 및 치세(治世)

① 한 시대나 치세를 다룬 저작은 바로 그 시대나 치세에 분류한다.
② 2시대나 치세를 동등하게 다룬 저작은 전 시대나 전 치세에 분류한다. 그러나 이 가운데 후 시대에 중점을 둔 것은 후 시대에 분류한다.
③ 3시대나 치세 또는 그 이상을 동등하게 다룬 저작은 그것을 포괄하는 치세에 분류한다. 예: 고구려, 백제, 신라사 911.03(삼국시대)[47]

(3) 반란, 혁명, 음모

① 한 나라의 반란, 혁명, 음모의 역사는 그 나라의 역사 아래 분류하고, 반란, 혁명, 음모자의 전기와 함께 분류하지 않는다.
② 식민지에서의 반란, 혁명, 음모의 역사는 그 식민지의 역사 아래 분류한다.
③ 한 혁명 이전에 발생했던 사건은 그 사건이 실제로 발생했던 시대에 분류하고, 혁명 아래 분류하지 않는다.

(4) 전 쟁

① 전쟁의 역사는 접전, 전투 등 순군사적인 분석에 한한 것이 아니면

---

900 역사 아래 분류한다.

② 우리나라와 다른 나라와의 전쟁의 역사는 911 한국사 아래 분류한다.
  예: 임진왜란 911.0553

③ 외국 간의 전쟁은 침략을 받았거나 패전한 나라의 역사 아래 분류한다.
  예: 청일전쟁 912.068

④ 두 나라가 침략을 받은 경우는 전쟁이 더 많이 행하여진 나라의 역사
  아래 분류한다.

⑤ 세계대전은 저작이 자국을 중심으로 한 저작은 자국의 역사 아래 분
  류하되 객관적으로 다룬 것은 909.51 제1차 세계대전이나 909.54 제2
  차 세계대전에 분류한다.

(5) 민 족

① 국가를 상실한 민족의 역사는 그 민족이 거주했던 지역의 역사 아래
  분류한다.

② 한 지방에 한해서 거주하고 있는 한 민족의 역사는 그들이 살고 있는
  지방의 역사에 분류하고, 그들이 거주하고 있는 국가의 일반역사 아래
  의 그 민족사에 분류하지 않는다.[48]

(6) 지리 대 사회문화 사정

① 각국 또는 지방의 지리적인 현상을 말하지 않고, 정치·경제·문화
  등 300 - 390에 포괄되는 사회 각 분야의 상황에 대한 기술을 한 저
  작은 309(정치, 경제, 사회, 문화사정 및 역사)에 분류한다.

② 각국 또는 지방의 일반적인 현상을 다룬 저작으로 300 - 390에 포함된

---

48) *Ibid.,* p.281.

주제보다도 더 넓은 주제를 다루고 있는 저작은 980-987 아래 분류한다.[49]

(7) 기 행

① 문학가의 기행문은 그 기술된 국가의 문학 8△6 아래 분류하고, 방문한 지역에 분류하지 않는다.
② 한 나라의 지세, 정치, 경제, 산업, 문화 등의 여러 방면에 걸쳐 일반적으로 다룬 저작은 그 지방의 사정을 말한 것으로 간주하여 981-987에 분류한다.
③ 왕이나 대통령, 유명한 장군 등 저명한 사람의 기행문은 그 사람의 전기와 함께 분류한다.[50]

(8) 전 기

① 각 종교의 창시자 또는 개종자의 전기는 2△2 아래에 분류한다.
② 음악가(작곡가, 연주가)의 전기와 그 작품을 모아 비평한 저작은 그 전기 아래 분류한다.
③ 한 사람이 두 가지 부문에 공헌한 것은 더 적극적으로 공헌한 부문의 주제 아래 분류한다. 그러나 두 부문에서 거의 동등한 활동을 한 경우에는 철학, 예술, 문학 중의 어느 하나가 그 가운데 포함되어 있으면 철학가, 예술가, 문학가의 전기로서 분류하고, 그렇지 않은 것은 그 가운데서 분류표상 먼저 오는 주제의 전기로 분류한다.
④ 한 사람이 세 가지 이상 부문에 공헌한 것은 990 전기일반에 분류하고, 주제별 전기 아래 분류하지 않는다.

---

49) *Ibid.*, p.283.
50) *Ibid.*, p.284.

예: 슈바이처의 생애와 사상 990

⑤ 전기 대 주제의 경우, 한 전쟁 또는 사건에 대한 기록, 비화 등은 그 전쟁 또는 사건에 분류한다.

⑥ 저자의 생애와 그 저술을 포함하는 것으로 생애에 관한 것이 위주일 때는 전기에 분류하고, 저술에 관한 것이 위주일 때(예: 여러 권으로 된 한 질 중의 한 권만 전기일 경우)는 저작의 주제 아래 분류한다.

⑦ 작가의 전기와 그 작품이 한 작품을 이룬 것은 전기가 위주일 때는 전기와 같이 분류하고, 작품이 위주일 때는 작품과 같이 분류한다.

20.3. 분류 사례분석

(1) 해당 주제나 학문 분야에 분류

980 지리

　인문지리학, 지지학, 취락(도시, 촌락) 지리학 등을 포함한다.

　특수지리학은 각 주제하에 분류한다.

　(예) 자연지리학 → 452

　　　　경제지리학 → 320.98

　　　　정치지리학 → 340.98

　　　　인류지리학 → 471.9

980 지리

　.2 명승안내, 여행

　　특정한 지역의 명승안내, 여행은 그 지역에 분류한다.

　(예) 아시아기행

　　　→ 981(아시아지리) + 02 = 981.02

한국여행기

→ 981.1(한국지리) + 02 = 981.102

일본명승지 안내

→ 981.3(일본지리) + 02 = 981.302

독일여행기

→ 982.5(독일지리) + 02 = 982.502

980.29 탐험기, 발견기

표류기를 포함한다.

특정 지역의 탐험기는 그 지역에 분류한다.

(예) 아프리카 탐험기

→ 983(아프리카 지리) + 029(980.029 탐험기, 발견기) = 983.029

(2) 지역구분

999 계보, 족보

.1 - .7 지역별 계보, 족보

지역구분표에 따라 세분한 다음 성의 자모순 그리고 동성은
본관 또는 파명의 자모순으로 배열한다.

(예) 한국인 족보

→ 999(기본기호) + (- 11)(지역구분: 한국) = 999.11

중국인 족보

→ 999 + (- 12)(지역구분: 중국) = 999.12

(참고사항) 한국인의 족보는 모두 999.11의 기호를 갖게 된다.
따라서 위의 주기에서 보는 것처럼 지역구분을 한
분류기호를 합성한 뒤 성의 자모순으로 배열하고,

같은 성씨의 경우는 본관이나 분파명의 자모순으로 배열해야 한다.

998.8 씨족, 귀족, 왕족

　도서관에 따라 999.8 – .99는 각각 지역구분표에 따라 세분할 수 있다.

　(예) 한국성씨고(韓國姓氏考)

　　→ 999.81(성씨, 씨족) + (– 11)(지역구분: 한국) = 999.8111

　　영국왕가

　　→ 999.87(왕가, 왕족) + (– 24)(지역구분: 영국) = 999.8724

　　태극기

　　→ 999.99(국기, 휘장) + (– 11)(지역구분: 한국) = 999.9911

　　성조기

　　→ 999.99(국기, 휘장) + (– 42)(지역구분: 미국) = 999.9942

(3) 특수주제구분

910 아시아

　.01 – .099 아시아 역사관, 보조학, 사료

　　911.001 – .0099와 같이 세분한다.

　(예) 동양고고학

　　→ 91(910에서 요목의 0을 제외) + 025(911.0025 고고학에서 911 다음의 기호) = 910.025

　　중국의 고문서류

　　→ 912 + 0091(911.0091 고문서류에서 911 다음의 기호) = 912.0091

　　일본사료

　　→ 913 + 009(911.009에서 사료에서 911 다음의 기호) = 913.009

(참고사항) 한국, 중국, 일본 역사의 분류기호 구성은 역사관, 보조학, 사료(91△.001 - .009), 시대구분(91△.01 -), 지역구분(9△ 1.1(911.1, 921.1, 931.1)부터)으로 이루어져 있다.

920 유럽

서양사일반, 유럽통사 및 문화사 등을 포함한다.

920.01 - .099는 911.01 - .0099와 같이 세분한다.

(예) 서양사사전

→ 920(유럽) + (- 03)(표준구분: 사전) = 920.03(920.3 아님)

(4) 양자택일

989 지도 및 지도책

지구의 및 지리모형, 세계지도, 동반구 및 서반구도 등을 포함한다.

지역구분표에 따라 세분한다.

도서관에 따라 지도는 989 대신에 M을 분류기호 앞에 붙여서 사용할 수 있다.

특수주제의 지도 및 지도책은 그 주제하에 분류한다.

(예) 아시아지도

① 지역구분표 적용

→ 989 + (- 1)(지역구분: 아시아) = 989.1

② 문자사용

→ M981

(예) 한국지도

① 지역구분표 적용

→ 98 + (- 11)(지역구분: 한국) = 989.11

② 문자사용

→ M + 981(아시아지리) + (− 1)(지역구분: 한국) = M981.1

〈표 20 − 3〉 지도의 분류기호

구 분	숫자기호	문자기호(이자 택일 규정)
아시아지도	989.1	M981
유럽지도	989.2	M982
아프리카지도	989.3	M983
북아메리카지도	989.4	M984
남아메리카지도	989.5	M985
오세아니아지도	989.6	M986
양극지도	989.7	M987

998 주제별 전기

100 − 990과 같이 주제구분(강 이상)을 한다.

이 주제별 전기는 990 아래에 전기서를 일괄 집중시키려는 도서관에 한하여 사용한다.

(예) 이광수전기

① 주제구분

→ 998 + 810(한국문학) = 998.81

② 그 주제하에 분류

→ 81(810 한국문학 요목 0을 제외) + (− 099)(표준구분 전기) = 810.099

(예) 고승전

① 주제구분

→ 998 + 220(불교) = 998.22

② 그 주제하에 분류

→ 22(220 불교에서 요목 0을 제외) + (− 099)(표준구분 전기) = 220.99

990 전기

도서관에 따라 개인전기는 99, B 등으로 간략하게 분류할 수 있다.

→ 따라서 99, B 등으로 간략하게 분류한 다음 피전자 이름의 자모 순으로 배열할 수 있다.

20.4. 분류 실습문제

① 한국인명록

991(아시아전기) + − 1(지역구분: 한국) + − 099(표준구분: 전기) → 991.1099

② 한국 성씨의 기원과 신화

998.81(성씨, 귀족) + − 11(지역구분: 한국) → 998.8111

③ 조선왕 독살사건

911(한국) + .05(본표추가세분: 조선시대) → 911.05

④ 노벨상을 받은 여인들

990(전기) + .04(본표추가세분: 여성) → 990.04

⑤ 400일간의 남극체류기

987(양극지리) + − 8(지역구분: 78 남극) + 0(패싯지시기호) + 29(980.029 탐험기, 발견기) → 987.8029

⑥ (중국 역사를 뒤바꾼) 100가지 사건

912(중국역사)

⑦ (신판) 세계인명사전

990.3(세계인명사전)

⑧ 4 · 19 혁명의 뿌리를 찾아서

　911(한국사) + .07289(본표추가세분: 4 · 19 혁명) → 911.07289

⑨ 로마제국 쇠망사

　922(고대로마) + .09(본표추가세분: 제정말기) → 922.09

⑩ 안중근 의사 자서전

　991(아시아) + － 1(지역구분: 한국) → 991.1

　990(전기) + .99(기타 특수전기) → 990.99

⑪ 현대 고대사 속의 가야

　911(한국사) + .0359(본표추가세분: 가야) → 911.0359

⑫ 택리지

　981(아시아지리) + － 1(지역구분: 한국) → 981.1

⑬ 작은 수첩으로 본 유럽여행

　982(유럽지리) + － 02(표준구분: 잡저) → 982.02

⑭ 독일의 재무장과 한국전쟁

　925(독일사) + .075(본표추가세분: 후반기 1945 － 1999) → 925.075

⑮ 고조선은 대륙의 지배자였다

　911(한국사) + .021(본표추가세분: 고조선시대) → 911.021

⑯ (잃어버린 아틀란티스와 남극대륙의 비밀) 문명의 종말

　909(세계사, 세계문화사) + .1(원시시대) → 909.1

⑰ 배낭여행 중국

　　981(아시아 지리) + − 2(지역구분: 중국) + − 02(980.2 명승안내, 여행)

　　→ 981.202

⑱ 문화대혁명 또 다른 기억

　　912(중국사) + .08(본표추가세분: 중화인민공화국시대) → 912.08

⑲ 로마인 이야기 1 − 로마는 하루아침에 이루어지지 않았다

　　922(고대로마)

⑳ 달라이라마가 들려주는 티베트 이야기

　　912.8(티베트 자치구)

참고문헌

김명옥. 자료분류법. 서울: 구미무역, 1986.

김연경. 문헌자료조직론. 서울: 경인문화사, 2002.

김정현. 문헌분류의 실제. 대구: 태일사, 2009.

김태수. 분류의 이해. 서울: 문헌정보처리연구회, 2003.

문헌정보학 용어사전. 사공 철 등편. 한국도서관협회. 서울: 한국도서관협회, 1996.

박옥화. "한국십진분류법 제4판 철학류의 분석". 한국문헌정보학회지 제31권 제3호(1997), pp.7 – 22.

오동근, 배영활, 여지숙 공저. KDC의 이해. 대구: 태일사. 2003.

_____. DDC의 이해. 대구: 태일사, 2007.

유경숙. "KDC 4판(1996)상의 외국인명, 지명 및 외래어의 한글 표기 문제". 한국도서관 · 정보학회지 제30권 제4호(1999), pp.27 – 57.

윤희윤. 정보자료분류론. 대구: 태일사, 2005.

정필모. 문헌분류론. 서울: 구미무역, 1991.

최달현, 이창수. 정보자료의 분류. 서울: 한국도서관협회, 1998.

최달현, 이창수. 정보자료의 분류. 서울: 한국도서관협회. 1998.

최정태 등 저. 문헌분류의 이론과 실제. 부산: 부산대학교출판부, 1998.

최정태, 양재한, 도태현 공저. 문헌분류의 이론과 실제. 부산: 부산대학교출판부. 1998.

한국도서관협회. 개정 제4판 한국십진분류법해설. 서울: 한국도서관협회, 1997.

_____. 한국십진분류법. 제4판. 서울: 한국도서관협회. 1996.

_____. 한국십진분류법. 제5판. 서울: 한국도서관협회. 2009.

김자후. "KDC 5판에 대한 제언", 한국도서관 · 정보학회지, 제40권 제2호(2009), pp.5 – 26.

Marty Bloomsberg and Hans Weber. *An Introduction to classification and number building in Dewey*. Colorado: Libraries Unlimited, 1976.

Melvil Dewey. *Dewey Dacimal Classification and relative index*. 22nd ed. Dublin, OH: OCLA, 2003, Vol.1.

네이버 국어사전. <http://krdic.naver.com/>

네이버 백과사전. <http://100.naver.com/>

위키백과. <http://ko.wikipedia.org/>

제45회 전국도서관대회 세미나 4(분류위원회): "한국십진분류법 제5판 발간에 관한 공청회", 김대중컨벤션센터 컨벤션홀2(2008. 10. 8) <http://conference.kla.kr/board/bbsView.asp?boardsort = &bbscode = 3&page = 3&idx = 120&search = &searchstr = >

〈부록 1〉 주류표

000	총　류
100	철　학
200	종　교
300	사회과학
400	자연과학
500	기술과학
600	예　술
700	언　어
800	문　학
900	역　사

〈부록 2〉 강목표

000	**총류**	500	**기술과학**
010	도서학, 서지학	510	의학
020	문헌정보학	520	농업, 농학
030	백과사전	530	공학, 공업일반, 토목공학, 환경공학
040	강연집, 수필집, 연설문집	540	건축공학
050	일반 연속간행물	550	기계공학
060	일반 학회, 단체, 협회, 기관	560	전기공학, 전자공학
070	신문, 저널리즘	570	화학공학
080	일반 전집, 총서	580	제조업
090	향토자료	590	생활과학
100	**철학**	600	**예술**
110	형이상학	610	건축술
120	인식론, 인과론, 인간학	620	조각 및 조형미술
130	철학의 체계	630	공예, 장식미술
140	경학	640	서예
150	동양철학, 사상	650	회화, 도화
160	서양철학	660	사진예술
170	논리학	670	음악
180	심리학	680	공연예술 및 매체예술
190	윤리학, 도덕철학	690	오락, 스포츠
200	**종교**	700	**언어**
210	비교종교	710	한국어
220	불교	720	중국어
230	기독교	730	일본어 및 기타 아시아 제 어
240	도교	740	영어
250	천도교	750	독일어
260		760	프랑스어
270	힌두교, 브라만교	770	스페인어 및 포르투갈어
280	이슬람교(회교)	780	이탈리아어
290	기타 제 종교	790	기타 제 어
300	**사회과학**	800	**문학**
310	통계학	810	한국문학
320	경제학	820	중국문학
330	사회학, 사회문제	830	일본문학 및 기타 아시아문학
340	정치학	840	영미문학
350	행정학	850	독일문학
360	법학	860	프랑스문학
370	교육학	870	스페인 및 포르투갈문학
380	풍속, 예절, 민속학	880	이탈리아문학
390	국방, 군사학	890	기타 제 문학
400	**자연과학**	900	**역사**
410	수학	910	아시아
420	물리학	920	유럽
430	화학	930	아프리카
440	천문학	940	북아메리카
450	지학	950	남아메리카
460	광물학	960	오세아니아
470	생명과학	970	양극지방
480	식물학	980	지리
490	동물학	990	전기

〈부록 3〉 요목표

총 류

000	총류	050	일반 연속간행물
001	지식, 학문 일반	051	한국어
002	시스템	052	중국어
003	컴퓨터과학	053	일본어
004	프로그래밍, 프로그램, 데이터	054	영어
005		055	독일어
006		056	프랑스어
007		057	스페인어
008		058	기타 제 언어
009		059	연감
010	도서학, 서지학	060	일반 학회, 단체, 협회, 기관
011	저작	061	아시아 일반 학회, 단체 등
012	사본, 판본, 제본	062	유럽 일반 학회, 단체 등
013	출판 및 판매	063	아프리카 일반 학회, 단체 등
014	개인서지 및 목록	064	북아메리카 일반 학회, 단체 등
015	국가별 서지 및 목록	065	남아메리카 일반 학회, 단체 등
016	주제별 서지 및 목록	066	오세아니아 일반 학회, 단체 등
017	특수서지 및 목록	067	양극지방 일반 학회, 단체 등
018	일반서지 및 목록	068	
019	장서목록	069	박물관학
020	문헌정보학	070	신문, 저널리즘
021	도서관행정 및 재정	071	아시아신문, 저널리즘
022	도서관건축 및 설비	072	유럽신문, 저널리즘
023	도서관 경영, 관리	073	아프리카신문, 저널리즘
024	수서, 정리 및 보존	074	북아메리카신문, 저널리즘
025	도서관봉사 및 활동	075	남아메리카신문, 저널리즘
026	일반 도서관	076	오세아니아신문, 저널리즘
027	학교 및 대학도서관	077	양극지방신문, 저널리즘
028		078	특정주제의 신문
029	독서 및 정보매체의 이용	079	
030	백과사전	080	일반 전집, 총서
031	한국어	081	개인의 일반전집
032	중국어	082	2인 이상의 일반전집, 총서
033	일본어	083	
034	영어	084	
035	독일어	085	
036	프랑스어	086	
037	스페인어	087	
038	이탈리아어	088	
039	기타 제 언어	089	
040	강연집, 수필집, 연설문집	090	향토자료
041	한국어	091	
042	중국어	092	
043	일본어	093	
044	영어	094	
045	독일어	095	
046	프랑스어	096	
047	스페인어	097	
048	이탈리아어	098	
049	기타 제 언어	099	

종 교

철 학

사회과학

자연과학

기술과학

예 술

언 어

문 학

800	문학	850	독일문학
801	문학이론	851	시
802	문장작법, 수사학	852	희곡
803	사전(辭典), 사전(事典)	853	소설
804	수필집, 강연집	854	수필
805	연속간행물	855	연설, 웅변
806	학회, 단체, 기관, 회의	856	일기, 서간, 기행
807	지도법 및 연구법, 교육, 교육자료	857	풍자
808	전집, 총서	858	르포르타주 및 기타
809	문학사, 평론	859	기타 게르만 문학
810	한국문학	860	프랑스문학
811	시	861	시
812	희곡	862	희곡
813	소설	863	소설
814	수필	864	수필
815	연설, 웅변	865	연설, 웅변
816	일기, 서간, 기행	866	일기, 서간, 기행
817	풍자	867	풍자
818	르포르타주 및 기타	868	르포르타주 및 기타
819		869	프로방스문학
820	중국문학	870	스페인 및 포르투갈문학
821	시	871	시
822	희곡	872	희곡
823	소설	873	소설
824	수필	874	수필
825	연설, 웅변	875	연설, 웅변
826	일기, 서간, 기행	876	일기, 서간, 기행
827	풍자	877	풍자
828	르포르타주 및 기타	878	르포르타주 및 기타
829		879	포르투갈문학
830	일본문학 및 기타 아시아문학	880	이탈리아문학
831	시	881	시
832	희곡	882	희곡
833	소설	883	소설
834	수필	884	수필
835	연설, 웅변	885	연설, 웅변
836	일기, 서간, 기행	886	일기, 서간, 기행
837	풍자	887	풍자
838	르포르타주 및 기타	888	르포르타주 및 기타
839	기타 아시아 제 문학	889	루마니아문학
840	영미문학	890	기타 제 문학
841	시	891	
842	희곡	892	인도 – 유럽계문학
843	소설	893	아프리카 제 문학
844	수필	894	북아메리카 인디언문학
845	연설, 웅변	895	남아메리카 인디언문학
846	일기, 서간, 기행	896	오스토로네시아문학
847	풍자	897	셈족문학
848	르포르타주 및 기타	898	햄족문학
849	(미국문학)	899	기타 문학

〈부록 4〉 세목표

총 류

철 학

종　교

사회과학

자연과학

기술과학

예 술

언 어

문 학

역 사

색 인

국문색인

영문색인

(B)
Bacon 35, 36

(C)
classifying 13
coordinate class 39

(D)
divisions 37

(E)
entry 49

(F)
first of two rules 22

(H)
Harris 36
heading column 49
hierarchical classification 39

(I)
indention 40

(M)
main classes 37
mnemonics 41

(N)
notes column 49
number column 49

(R)
rules of three 22

(S)
Sayers, W.C 41
sections 38
standing room 52
subdivisions 38
subordinate class 39
superordinate class 39

박진희 朴鎭希 ―――――――――――――――――――――――――

▌약 력

전북대학교 문헌정보학과(도서관학사)
중앙대학교 대학원 문헌정보학과(문헌정보학 석사)
중앙대학교 대학원 문헌정보학과(문헌정보학 박사)
현) 국립중앙도서관 도서관 연구소 자료조직연구그룹 위원
　　전북대학교 문헌정보학과 겸임조교수

<주요 논문 및 저서>
한국기록물 기술요소에 관한 연구
특수형태 기록물 관리를 위한 기술요소에 관한 연구
기록물용 KORMARC 데이터필드 개발을 위한 메타데이터요소에 관한 연구
미국의 기록물 기술 내용표준에 대한 비교분석 ― APPM2와 DACS를 중심으로 ―
Web manual을 활용한 편목업무 효율화방안에 관한 연구(공저)
국제표준 기록물 전거제어 기술규칙 초판과 개정판의 비교분석연구
RDA의 제정동향 및 내용구조에 관한 연구
RDA와 KCR4의 기술규칙 분석에 관한 연구
문헌분류론(공저)(조은글터, 2009)

KDC 제5판의 이해

초판인쇄 │ 2009년 12월 7일
초판발행 │ 2009년 12월 7일

지은이 │ 박진희
펴낸이 │ 채종준
펴낸곳 │ 한국학술정보㈜
주　소 │ 경기도 파주시 교하읍 문발리 파주출판문화정보산업단지 513-5
전　화 │ 031) 908-3181(대표)
팩　스 │ 031) 908-3189
홈페이지 │ http://www.kstudy.com
E-mail │ 출판사업부 publish@kstudy.com
등　록 │ 제일산-115호(2000. 6. 19)

ISBN 978-89-268-0569-5 93020 (Paper Book)
　　　978-89-268-0570-1 98020 (e-Book)